Les Frais bancaires
Conflit d'intérêts entre profit à tout prix et moralité

Ex-responsable tarification d'une grande banque je vous dévoile les pratiques et l'intérêt de la banque à facturer toujours plus ses clients.

Richard Claude

Les frais bancaires : une source de mécontentement !

Cloués au pilori de la relation qu'entretiennent les français avec leur banque, les frais bancaires font très régulièrement l'objet d'enquêtes et de comparatifs dans la presse spécialisée et d'associations de consommateurs.

Relayées ensuite par les chaînes nationales et régionales qui en font écho auprès du grand public, ces études alimentent des débats souvent féroces entre internautes ou blogueurs.

Le « banquier » est depuis longtemps relégué au rang de simple fournisseur de prestations et pourtant, peu de relations client-fournisseur alimentent autant de débats et de controverses.

Les études presse démontrent que les français n'ont globalement pas une bonne opinion de la profession.
Pour autant, les études menées par les banques elles-mêmes témoignent à contrepied, d'une opinion de leurs clients bien plus indulgente à leur égard.
Un paradoxe ? Pas forcément si on considère que leurs enquêtes de satisfaction ne portent pas prioritairement sur le sujet qui fâche : les frais bancaires.

Une joute permanente entre les clients, inconditionnellement hostiles au paiement de services bancaires et les banques qui se targuent du bon niveau de satisfaction de leur propre clientèle.

Existe-t-il une tarification correcte qui soit acceptable par les deux parties ?

Regardons ce que dit la loi, car la loi régit la tarification bancaire.

La Loi précise ainsi par les Articles 1108 et 1131 du Code civil :

« *toute tarification doit être causée et doit impliquer une contrepartie réelle, c'est-à-dire une prestation de la banque. La tarification doit être aussi proportionnée au service rendu, et en rapport avec les coûts supportés par la banque et enfin un même service ne peut être facturé qu'une seule fois ce qui interdit de percevoir plusieurs facturations pour la même cause et quelles que soient leurs modalités de perception et leur intitulé* »

La Loi donne des règles, les banques les respectent, n'en doutons pas ! Mais la manière dont elles pratiquent peut nous heurter.

Après 40 ans d'exercice dans un grand groupe bancaire français en qualité de responsable de la tarification, j'ai estimé utile de porter à la connaissance du grand public et des associations de consommateurs, la manière dont certaines banques œuvrent pour adapter leurs pratiques à chaque nouvelle exigence de la loi, sans céder aucunement sur le terrain de leur rémunération.

L'objectif recherché n'est pas de remettre en question telle ou telle facturation sur le terrain juridique. Seul l'examen des pratiques bancaires au regard d'une certaine éthique sera le focus de cet ouvrage.

De nombreuses affaires portées à la connaissance du public ont déjà entraîné l'indignation du plus grand nombre : plans de suppression d'emplois dans des entreprises bien portantes mais dont les actionnaires exigent toujours plus de dividendes mais

également et plus récemment celles des Assistants Parlementaires familiaux -fictifs ou non- qui bénéficiaient de conditions salariales et autres avantages.
Ces indignations légitimes ne relèvent pas toujours du droit mais de la moralité. Relayées et amplifiées par les réseaux sociaux et les médias, ces courroux populaires ont su faire bouger les lignes du droit.

En dévoilant les pratiques de certaines banques, nous pouvons les faire évoluer !

Assistés par les associations de consommateurs, le client peut faire connaître son mécontentement et inciter les pouvoirs publics à légiférer de manière plus avisée pour rétablir une plus grande moralité. Aussi, faites savoir à votre banque que vous êtes mécontent, exigez des explications sur les modalités des facturations, n'hésitez pas à saisir le médiateur de la banque et changez de banque si vous ne trouvez aucune écoute !

Depuis 2017, la loi « Macron » * sur la mobilité bancaire contraint les banques à s'échanger vos domiciliations pour tous vos virements et prélèvements.
Vos transferts de domiciliations sont ainsi facilités et sont sous leur responsabilité, il n'y a donc plus aucun frein administratif pour changer de banque si celle-ci ne vous convient plus.

*« Dans le cas où l'établissement d'arrivée ou de départ ne respecte pas les obligations qui lui incombent dans le cadre de la procédure de mobilité bancaire mentionnée à l'article L. 312-1-7, aucuns frais en résultant ni aucune pénalité de ce chef ne peut être mis à la charge du client »

L'article L 312-1-7 du Code Monétaire et Financier précise les modalités et l'article L 612-39, les Sanctions pécuniaires et/ou disciplinaires de l'ACPR en cas de non-respect de la réglementation par la banque.

Les Enquêtes Presse

La presse publie chaque année de nombreuses enquêtes relatives aux frais bancaires « sensibles » comme les frais d'incidents, le prix des cartes bancaires ou les frais de tenue de compte.
Les banques sont le plus fréquemment classées de la moins chère à la plus chère, les banques les plus onéreuses étant sans ménagement mises sous les feux de la critique cependant que les banques les moins chères, dont notamment les banques « en ligne » sont encensées.

D'autres enquêtes comparent le coût d'un « panier de produits, services et frais » pour des profils de clients différents, depuis le client peu équipé ou peu consommateur de produits et services, au client moyennement ou fortement équipé avec un zoom particulier sur les jeunes, les retraités, les couples actifs, les patrimoniaux etc.

Ces enquêtes sont lues très attentivement par les banques elles-mêmes qui en tiennent compte pour déterminer les tarifs de leur prochaine plaquette tarifaire.
Néanmoins, l'exploitation qu'en font les banques peut paraître un peu surprenante !

Toutes les banques n'ont pas forcément envie de paraître moins chères que leurs consœurs, la plupart d'entre elles recherchent avant tout un classement honorable dans ces sondages, pour peu que ce classement se réalise surtout sans perte de Produit Net Bancaire (PNB) dont les frais bancaires sont les principaux pourvoyeurs.

La meilleure place pour le plus grand nombre ne se situe ni parmi les moins chères ni parmi les plus chères mais bien dans « le ventre mou » de la première moitié du classement.
Là où elles ne seront pas pointées du doigt par les journalistes, là où elles ne risquent pas d'être visibles si elles reculent d'un rang l'année suivante.

Pour réussir cet art du camouflage, les banques repèrent dans le panier de consommations des différents profils de clients, les frais et services ayant impacté leur classement.
Parmi ceux-ci, certains sont moins contributeurs de PNB que d'autres et leur tarif sera minoré sur la plaquette tarifaire suivante ce qui permettra de « remonter » dans le classement des banques.
En revanche, elles profitent parfois du résultat de ces enquêtes pour renchérir le prix d'une prestation moins ciblée par ces dernières et sur laquelle son tarif serait en deçà du prix de ses consœurs.

Dans cet ouvrage, nous n'aborderons pas le sujet des frais bancaires sous l'angle de benchmarks de tarifs ou de classements des différentes banques puisque ce travail est parfaitement mené dans les enquêtes CLCV, Capital ou autres magazines comme UFC-Que Choisir et sites sur internet comme panorabanques.com ou cBanque.com.

Ces enquêtes instructives et ces classements, basés sur les tarifs standards publiés dans les dépliants tarifaires accessibles sur les sites des banques ne mettent néanmoins en lumière que la face émergée de l'iceberg !

Ces enquêtes dont l'objectif principal est d'éclairer les clients des banques sur les pratiques, les excès et les bonnes adresses, ont surtout été -et sont toujours- force de pression auprès des Pouvoirs Publics pour les inciter à légiférer afin de contraindre les banques à réduire ou maîtriser les frais qu'elles pratiquent.

Ainsi, tout au long de l'année, les Pouvoirs Publics promulguent lois et décrets sur la base de conclusions d'études, tel le Rapport Pauget Constans sur la tarification bancaire en France ou celui de l'Observatoire des tarifs bancaires publié par le Comité Consultatif du Secteur Financier (CCSF)

Après parution d'un nouveau décret, les Banques font phosphorer leurs juristes, spécialistes de la tarification et autres informaticiens, qui déchiffrent, décodent et interprètent mot à mot l'esprit de la loi afin de se mettre en conformité.

Se mettre en conformité certes, mais également et surtout pour exploiter l'ensemble des imprécisions desdits décrets et trouver comment moduler ou remplacer cette facturation pour conserver leur Produit Net Bancaire, dont les frais sont une des principales mannes.

Car il n'est pas concevable pour une banque de réduire son PNB !

Le législateur légifère, le banquier se met en conformité et quasiment rien ne change pour le client des banques qui perd autant sinon toujours plus de « plumes » !

Un tarif est réglementé et plafonné ? Qu'à cela ne tienne ! Par un savant tour de passe-passe, une nouvelle facturation voit le jour.

Nous avons souhaité dans ce livre explorer avec vous la partie immergée de l'iceberg, celle qui est opaque dans les dépliants tarifaires des banques : les mécanismes d'optimisation définis dans la stratégie de la banque pour générer toujours plus de profits.

Des mécanismes implacables peu maîtrisés par les conseillers bancaires eux-mêmes, ce qui les rend par conséquent si difficile à expliquer et à justifier au client mécontent.

Banques de réseaux versus Banques en ligne

Les enquêtes qui opposent sur le plan de la tarification, les banques « de réseau » aux banques « en ligne » au bénéfice des dernières émettent des classements et des remarques tout à fait justifiés : frais bancaires réduits, gratuité de la carte et autres frais de tenue de compte, car c'est bien là le premier atout de ces récents opérateurs…

Un autre atout et non des moindres est le « tout digital » de ces Etablissements, car la Banque n'échappe pas au raz de marée de la digitalisation qui bouleverse en profondeur les habitudes de consommation.

Il se disait dès les années 80, que la « banque serait la sidérurgie de demain», mettant en parallèle le démantèlement industriel de l'époque accompagné de la perte de milliers d'emplois et celui du système bancaire actuel, pressenti alors par les plus clairvoyants.

Car les banques traditionnelles (banques de réseau à succursales) subissent depuis quelques années des restructurations massives, poussées en cela par la digitalisation qui favorise le développement de nouveaux usages bancaires, banques en ligne et autres FINTECH (contraction des mots FINance et TECHnologie)

Bien entendu, les dirigeants des banques de réseau dites traditionnelles ont pleinement conscience des conséquences du *tout numérique* et de ses impacts dans la relation avec leurs clients mais plus encore sur leur PNB et l'emploi.

Entamée par la génération Y des 18/40 ans -la première à grandir avec l'ordinateur, les jeux vidéo et Internet-, et très largement suivie par la génération millénium des moins de 18 ans, cette mutation est irréversible.

Les moins de 35 ans vivant dans l'immédiateté et le virtuel, ils ne ressentent pas, pour la plupart, le besoin d'avoir un contact humain pour pratiquer leurs opérations bancaires et envisagent encore moins d'avoir à demander un rendez-vous et de devoir attendre pour cela.

Centrés sur leur portable, véritable poumon de leur existence, ils gèrent leur compte aussi intuitivement qu'ils chattent sur les réseaux sociaux.

Ces générations sont fortement intéressées par le concept des banques en ligne et mobile, lesquelles pour un coût relativement faible, sont parfaitement adaptées à leur mode de vie.

N'éprouvant aucun sentiment de fidélité pour une banque, ils zappent allègrement d'un établissement à l'autre au gré des offres de bienvenue leur offrant, sur une durée souvent limitée, des produits et frais réduits.

Ces jeunes gens conservent parfois un compte dans une banque traditionnelle, compte le plus souvent ouvert par leurs parents pendant leur adolescence.

Et la génération X (40/50 ans) et les quinquas, irrités par les frais bancaires, les imitent progressivement.
Ceux-ci adoptent la banque en ligne, le plus souvent en complément d'un compte qu'ils détiennent dans leur banque traditionnelle.

S'opère alors un transfert d'opérations, de domiciliations et d'épargne qui diminue significativement le PNB des banques traditionnelles.

Le vieillissement de la population non aguerrie aux nouvelles technologies signe le repli inéluctable des banques de réseau telles qu'elles existent encore aujourd'hui.

Si de nombreux groupes bancaires ont développé leur propre banque en ligne en parallèle de leur modèle traditionnel, ils persistent néanmoins à conserver le plus longtemps possible leur modèle économique basé sur la maximisation des facturations.

Ces banques mésestiment le mécontentement de leurs clients qui pourraient les condamner en transférant massivement leurs comptes chez leur opérateur téléphonique ou autre acteur leur offrant frais bancaires réduits, convivialité de leurs applications et service client 24/24 de qualité.

Les Directeurs Généraux de nombreuses banques traditionnelles jouent depuis une décennie le scénario du récent film « Pentagone Papers » qui porta sur le grand écran les révélations de Daniel Ellsbergsur les manœuvres de quatre présidents américains destinées à étouffer l'échec inéluctable de la guerre du Vietnam pendant leurs mandats respectifs.

Car ils n'ignorent rien de l'impact d'une telle mutation de leur modèle économique sur leur PNB et inévitablement sur l'emploi et les conflits sociaux qui en découlent.
L'obstination et la détermination de certains à occulter cette fatalité et refuser de réinventer leur modèle économique pendant leur court mandat, pourraient déclencher à terme un tsunami de clôtures de comptes dont la conséquence serait des conflits et plans sociaux de grande ampleur et des conséquences financières sévères pour leurs Etablissements et par effet domino, pour leurs clients épargnants.

Ils font pour autant valoir un faible *taux d'attrition* de leurs Etablissements (l'indicateur qui permet de mesurer la perte de clients) avec moins de 10% par an ce qui traduirait selon eux un intérêt toujours prégnant de leurs clients pour un contact humain avec un conseiller dans une agence proche de chez eux.

Le taux d'attrition reste globalement faible car outre nos aînés peu enclins au changement et les clients patrimoniaux qui ont obtenu des exonérations exclusives, la cohorte des clients « fidèles » est composée de ceux qui sont, régulièrement et fortement, utilisateurs de découvert.

A leur corps défendant, ces derniers font le choix de rester dans leur banque, quitte à subir des frais importants et parfois une forte pression pour souscrire des produits dont ils n'ont cure, en contrepartie du paiement des opérations se présentant sur leur compte dont le solde est insuffisant.

Ils redoutent de ces nouvelles banques en ligne, l'absence de proximité et d'intuitu personae tels qu'ils l'ont aujourd'hui avec leur conseiller bancaire.
Leur fidélité tient à la peur du rejet de leurs opérations qui les placerait en situation de grande difficulté.

L'érosion de la clientèle des banques traditionnelles est le fait des clients dont la situation financière est plus stable et l'épargne plus conséquente.
Cette clientèle n'hésite pas à transférer ses comptes et avoirs dans un autre établissement et les commerciaux des banques peinent à compenser ces départs par de nouvelles entrées en relation.

Il est donc très probable que le *taux d'attrition* des banques traditionnelles au profit des banques en ligne, mobile et autres acteurs innovants et moins chers, évolue à la hausse.

La conquête des NER (Nouvelles Entrées en Relation)

Se cache derrière ce jargon bancaire de *NER*, l'enjeu crucial de compenser à minima, la perte récurrente des clients (mesurée par le fameux *taux d'attrition)*.

Priorité absolue de toutes les banques dans un marché où l'ensemble des consommateurs sont équipés, l'acquisition de nouveaux clients est une véritable course de fonds.

Elles n'ont de cesse de courtiser les prospects par des *Offres de Bienvenue* -le plus souvent éphémères- pour les inciter à ouvrir un compte.

Nous évoquerons plus loin la réglementation de ces offres de Bienvenue, appelées « vente à prime » par le Législateur pour comprendre pourquoi les banques offrent en contrepartie de l'ouverture d'un compte le versement d'une somme d'argent.

Car l'effort considérable et permanent des équipes commerciales des banques pour maintenir le *fonds de commerce* ne suffit pas. La multiplication des acteurs entame progressivement l'activité et les profits des banques historiques en captant flux et épargne de clients devenus multi-bancarisés.

Dans cette période de forte concurrence, l'acquisition de nouveaux clients coûte de plus en plus cher aux banques. Pour autant il existe une alternative qui peut paraître à première vue saugrenue tant elle est évidente !

Pourquoi les banques ne prennent-elles pas grand soin de leurs clients afin de les satisfaire et les fidéliser ?

Améliorer véritablement les services proposés à leurs clients pour les conserver, une évidence ?

Les banques estiment bien récompenser leurs clients en leur proposant des programmes de fidélité basés sur les opérations bancaires qu'ils effectuent, la souscription d'un nouveau produit d'épargne.

Dans la plupart des cas, ces programmes de fidélité consistent en l'octroi de points ouvrant droit à des cadeaux ou des remises pour la souscription d'un produit bancaire.

Une récompense éphémère qui n'atteint guère son but car le contenu de ces programmes correspond rarement aux attentes réelles de leurs clients, lesquels préfèrent que leur fidélité soit récompensée par un avantage progressif et pérenne et non par un cadeau ponctuel.

L'argumentaire commercial débité par des chargés de clientèle formatés et sans marge de négociation, relève d'un véritable dialogue de sourds auprès de clients qui attendent bien autre chose en termes d'attention et de récompense de leur fidélité.

Mais bien entendu, il est moins coûteux d'offrir un cadeau qu'une remise pérenne !

La démesure des frais bancaires tout autant que l'insuffisance de reconnaissance et de considération conduisent les clients des banques à se multi-bancariser et à arbitrer progressivement pour chaque produit ou service en fonction du niveau de facturation ou de rémunération de l'épargne de chaque établissement.

Un dilemme cornélien pour les banques traditionnelles qui rêveraient tout à la fois de conserver l'ensemble de ses clients, d'en conquérir de nouveaux tout en maintenant voire en augmentant leur Produit Net Bancaire, donc les frais.

Car une banque ne peut tout simplement pas envisager une baisse de ses profits !

Les banques traditionnelles estimaient il y a quelques années encore, que l'augmentation des frais bancaires dans toute la profession allait inciter le client à regrouper ses comptes dans une seule banque : celle où les revenus et les principaux prélèvements étaient domiciliés.

Les banquiers rêvaient alors de la « re-mono-bancarisation » de leurs clients et il était donné comme objectif commercial aux conseillers de clientèle bancaire, de concentrer leurs efforts pour devenir LA BANQUE du Client, en lui faisant rapatrier l'ensemble des avoirs qu'il pouvait détenir par ailleurs.

Mais ça …c'était avant.

Avant l'arrivée sur le marché des nouveaux acteurs qui bousculent les omnipotentes banques traditionnelles et la légitimité de leur modèle.

Assureurs, Grande Distribution, banques en ligne, banques mobiles, fournisseurs d'accès téléphoniques ainsi que les géants du web (surnommés GAFAM acronyme signifie Google, Apple, Facebook, Amazon, Microsoft), autant de nouveaux entrants qui séduisent toujours plus de consommateurs et grignotent sans relâche, une part du gâteau des banques.

Richard Claude

Les activités de votre conseiller bancaire (Chargé de clientèle)

Un chargé de clientèle de comptes de particuliers gère un portefeuille d'environ 400 à 700 clients.

Sa principale mission est la vente de produits et services en fonction des priorités et des actualités décidées par la Direction de Développement de sa Banque. Il a bien souvent des objectifs chiffrés dont la réalisation servira de mesure de sa performance et par conséquent, de sa prime et de son avancement.

Chaque année, la Banque élabore un « contrat de développement » à destination du réseau avec des objectifs précis par ligne de produits.
Ce *contrat de développement* est le plus souvent collectif au sein de l'agence et l'atteinte des objectifs est récompensée par une prime conséquente dont le montant diffère selon les fonctions de chacun au sein de l'agence.
Une rémunération variable qui incite fortement votre conseiller à suivre chaque mois avec attention, l'état d'avancement de son *contrat de développement*.

Cela peut le conduire parfois à une certaine dérive, en vous orientant sur des produits qui ne correspondent pas totalement à vos besoins particuliers mais qui ont le mérite de faire tourner le compteur de ses objectifs.

Au consommateur d'être vigilant !

Pour l'appuyer dans sa démarche commerciale, le chargé de clientèle dispose d'outils sophistiqués qui l'informent sur les opportunités commerciales lui permettant de vendre de nouveaux produits.

Ainsi, des alertes l'informeront si un de vos produits ou crédit arrive à échéance mais également si une somme importante a été créditée sur votre compte.
Toutes ces informations alimentent chaque jour votre conseiller ce qui lui permet de vous proposer un rendez-vous afin de
« mieux » vous équiper de produits ou de packages de produits que nous évoquerons au chapitre « Conventions ou packages »

La seconde mission de votre conseiller est le devoir d'information, de conseil et de mise en garde ou du moins, de vigilance à délivrer au client.

Le *devoir d'information* implique la délivrance d'un conseil objectif et neutre.
Au-delà de fournir une information suffisante au client afin qu'il puisse se forger une opinion sur une proposition de crédit, de service ou de placement, la banque se doit d'adapter et de personnaliser l'information en fonction de la situation financière de son client. L'article 1147 du Code Civil prévoit des sanctions en cas de non-respect de cette obligation d'information.

Mais comment apprécier la réelle qualité et neutralité de l'information délivrée lorsque votre conseiller vous vante les mérites de tel ou tel produit, convention ou autre *package* en sachant que ce sont peut-être ceux qui impactent le compteur de ses objectifs ?

Le *devoir de conseil* consiste à orienter au mieux le client en fonction de sa situation financière mais également de son appétence au risque ou inversement à la sécurité par exemple lors de la souscription d'un produit plus ou moins spéculatif.

Un devoir de conseil qui impose également de ne pas s'immiscer dans les affaires personnelles du client.

Le formalisme imposé dans ce domaine par la réglementation est tel que bien souvent les clients peinent à comprendre des contrats toujours trop juridiques pour être accessibles et dont le nombre de pages en tout état de cause, annihile toute velléité de lecture.

Récemment encore, l'édition d'un contrat pour la souscription d'un *package* de produits pouvait compter plusieurs dizaines de pages de conditions particulières, conditions générales et autres documents réglementaires.
Deux heures auraient été nécessaires pour véritablement lire et comprendre tous ces contrats.

C'est ainsi que l'on comptait parfois 60 pages pour un contrat de souscription d'un package de produits bancaires à 12 euros par mois ! A rapprocher des 10 à 15 pages que comporte un acte de propriété établi par le notaire pour des biens de plusieurs centaines de milliers d'euros.

La digitalisation de la relation entre la banque et son client a considérablement amélioré la mise à disposition de ces contrats sous forme numérique. Ils sont désormais accessibles à tout moment dans la rubrique « coffre-fort » de leur outil de gestion des comptes par internet.
Une avancée technique certes mais qui n'améliore pas la lisibilité, la compréhension donc l'envie de lire ces contrats.

Qui prend réellement le temps de lire l'ensemble des clauses des contrats avant de les signer ? Qui mesure réellement l'importance et les conséquences des différents chapitres des conditions générales d'un produit ?

Rarement lus, encore plus rarement compris, la souscription des contrats du produit bancaire se concrétise le plus souvent, sur la seule base de l'explication orale du conseiller de clientèle, ce qui implique une relation de confiance bien établie et un bon niveau de professionnalisme.

A vouloir parfaitement informer, à trop vouloir sécuriser, on perd de vue que pour le grand public, la multiplicité des termes juridiques rend abscons la lecture du document censé l'éclairer.

Enfin, le *devoir de mise en garde ou de vigilance* impose à votre conseiller de vous alerter sur les risques notamment financiers que comporte votre projet et plus particulièrement des impacts d'un taux d'endettement trop important au regard de vos revenus.
Ce devoir de vigilance se traduit parfois par un refus de financer un projet immobilier ou un prêt à la consommation.
Une décision souvent mal vécue par le client qui recherche de facto un financement auprès d'un autre établissement de crédit dont les critères d'analyses du risque sont peut-être moins discriminants.

S'il vous arrive parfois de penser que les conseils prodigués ne sont pas à la hauteur de vos attentes, ayez à l'esprit que le métier de conseiller bancaire est de plus en plus difficile compte tenu des permanentes et contraignantes évolutions réglementaires.

Par ailleurs, la croissance incessante du nombre de produits bancaires rend leur connaissance approfondie quasi impossible ! Et pourtant, subissant le poids des objectifs commerciaux, ils se doivent de vendre ces produits sans pour autant en connaître parfois parfaitement le fonctionnement.
Le renouvellement du personnel des banques est conséquent, et si on ne peut que se réjouir de l'embauche significative de jeunes diplômés, l'important *turn-over* sur ces postes de début

de carrière explique pour une bonne part le manque de connaissance et d'expérience.

Le troisième volet de l'activité de votre conseiller -nous l'avons déjà évoqué- est la prospection de nouveaux clients, ces fameuses NER -*Nouvelles Entrées en Relation.*

Il dispose pour cela d'offres -dites *de parrainage* ou *de bienvenue*- qu'il propose à ses prospects et font l'objet de communications régulières dans la presse.

En effet, l'acquisition d'un nouveau client est devenue si difficile que les banques n'hésitent pas à « acheter » l'ouverture d'un compte !

Ces ventes dites *à primes* ont été réglementées en décembre 2001 par la loi Murcef.

Cette loi interdit la vente de produits ou services ouvrant droit à une prime financière ou un cadeau dont la valeur serait supérieure à 15% du prix du produit ou de la prestation.
Elle fixe de surcroît par arrêté, une prime plafond de 80 euros.
On retrouve là le montant standard fréquemment offert par les banques -en ligne notamment-, pour l'ouverture d'un compte.

Pour compenser les départs en nombre de ses clients, votre conseiller a chaque année un objectif de prospection et de nouvelles entrées en relation très difficile à atteindre.
S'il y parvient, il doit encore regarnir son portefeuille commercial en nombre de produits et montants placés car en matière d'équipements (*nombre de produits souscrits*) et d'épargne, le client qui a quitté la banque était bien plus équipé que le nouveau !

Le quatrième volet de l'activité de votre conseiller relève de la gestion quotidienne des comptes.

Il porte la responsabilité d'autoriser ou non un découvert en analysant le profil de risque de son client. De même, il décide du paiement ou du rejet d'une opération qui se présente sur un compte en insuffisance de provision.

Chaque matin, le conseiller consulte sur son ordinateur la liste des clients de son portefeuille qui ont présenté la veille des opérations qui n'ont pas pu être payées faute de provision.
Cette gestion « des écarts » ou « des écartés » (écarts entre les sommes qui se présentent et le solde du compte ou de l'autorisation de découvert) est une charge importante et critique pour le conseiller qui gère un portefeuille de 400 à 700 clients.
Il devra généralement avant midi, décider de payer ou rejeter les opérations concernées. Un travail délicat et lourd de conséquences pour ses clients !
Son analyse-dont résulte sa décision de payer ou rejeter une opération-, intégrera de nombreux paramètres tels le montant du découvert généré par les opérations, le fonctionnement habituel du compte, les revenus du client, son épargne et le type d'opérations qui se présentent.

Il tiendra également compte de la capacité du client à régulariser rapidement cette situation en s'appuyant sur son comportement lors de situations antérieures identiques.

Pour chaque opération sortie sur les « écartés », le conseiller devra décider de la payer ou de la rejeter ou encore de la recycler c'est-à-dire la mettre en attente pendant quelques jours, le temps que vous puissiez réapprovisionner votre compte.

Il privilégiera quand cela est possible le paiement d'un chèque afin d'éviter une interdiction bancaire aux conséquences sérieuses.
Si cela est nécessaire, il rejettera plus facilement un avis de prélèvement ou un virement.

C'est la raison pour laquelle il est judicieux de rencontrer régulièrement son conseiller afin qu'il vous connaisse mieux et puisse prendre en compte un changement de situation ou éventuellement une certaine fragilité professionnelle ou personnelle.

Selon les recommandations et les bonnes pratiques de la FBF (Fédération Bancaire Française), les banques sont invitées « *par anticipation* » à contacter leurs clients particuliers pour leur proposer d'adapter le montant de leur autorisation de découvert à l'évolution de leur situation afin d'éviter des incidents de paiement et les frais supplémentaires.

Car toute opération sortie sur les « écartés » est sanctionnée par des frais :

Tout d'abord une commission d'intervention par opération payée ou rejetée à laquelle s'ajoute des frais supplémentaires en cas de rejet.

Une facturation qui peut paraître justifiée au regard du travail effectué par votre conseiller.

C'est ce que nous examinerons dans le chapitre « La commission d'intervention et les frais de rejet ».

Avant d'éclairer le lecteur sur la manière dont sont facturés les intérêts débiteurs que l'on nomme aussi agios et qui est le sujet éminemment de discorde, il est important de plaider un court instant pour l'ensemble des conseillers bancaires qui sont les interlocuteurs de première ligne.

Contrairement aux idées reçues, les conseillers bancaires n'ont pas un métier facile car ils subissent une importante pression de leur hiérarchie liée aux très lourds objectifs commerciaux à atteindre.

Ils doivent se justifier quotidiennement sur ce sujet et cette mise sous pression permanente engendre de plus en plus de *burn-out* professionnels.

Mais au-delà de la pression de la hiérarchie, les clients des banques sont eux-mêmes de plus en plus exigeants et hostiles vis-à-vis d'eux et notamment au regard des frais pratiqués.
Certains clients sont mêmes agressifs voire violents à l'égard de leur conseiller et cela ajoute au sentiment d'angoisse de la profession.

Mes 40 années d'expérience dans une banque me permettent d'affirmer que la très grande majorité des conseillers font le maximum pour servir au mieux leurs clients.

Les pratiques tarifaires évoquées dans ce livre ne sont pas du fait des conseillers mais bien d'une politique volontariste d'optimisation du PNB décidée par leurs Directions Générales.

Ne pensez pas que votre conseillère bancaire -appelons la Emilie- appuie avec un certain plaisir sur une touche de son ordinateur à chacune de vos opérations pour vous appliquer des frais !

Il n'en est rien car quasiment tout est automatisé.

Au demeurant, la Direction de la banque ne souhaite pas qu'Emilie puisse décider de facturer ou non une opération car d'expérience, il est avéré que dans ce cas, bon nombre d'entre elles seraient exonérées ou assorties de frais minorés.

Bien souvent, lors de réclamations, elle ne sait pas vraiment justifier le niveau de facturation ni expliquer le calcul qui a prévalu au montant des frais prélevés, calculs réfléchis et programmés pour optimiser toujours plus le PNB de la banque.

Ce n'est pas le fait de facturer les opérations de ses clients qui embarrasse Emilie, même si elle estime que la banque exagère un peu et que certains frais sont excessifs et parfois sans fondement.

Ce qui la met dans l'embarras c'est qu'un nombre significatif de ses clients bénéficient d'une exonération totale ou partielle de ces frais et pas d'autres.

Un prochain chapitre détaillera la manière dont les banques segmentent leur clientèle pour mieux adapter les produits et la facturation aux différents profils.

A titre personnel, Emile comme les autres collaborateurs est cliente de la banque, elle subit elle aussi à titre privé, une facturation dont le calcul est tout aussi automatique.
En qualité de salariée de la banque, elle bénéficie comme ses collègues d'une décote figée de 30% sur les tarifs standards de la plaquette tarifaire (*règle URSSAF des avantages en nature servis aux salariés*) mais ce n'est pas forcément une bonne affaire !

En effet, un salarié qui pourrait être qualifié de « bon client » en matière d'équipement bancaire, de fidélité ou d'épargne, n'a de fait pas la possibilité de négocier avec la banque dans le but de bénéficier d'une exonération ou d'une rétrocession plus avantageuse que celle établie par l'URSSAF.

Il est donc pénalisé au regard des clients en situation similaire !

C'est la raison pour laquelle nombre de salariés quittent leur banque-employeur et transfèrent leurs comptes et avoirs dans un autre Etablissement et bien souvent dans une banque en ligne moins onéreuse.

Si votre conseiller est dans l'incapacité de vous expliquer comment sont calculés certains frais, c'est qu'une chaine de critères opaques a prévalu dans les schémas informatiques.

Mais voici les clés de lecture qui permettent de comprendre la manière dont la banque procède pour facturer toujours un peu plus de frais.

Les banques ont-elles le droit de fixer librement leurs frais ?

Différents articles de lois et décrets -dont nous ne ferons pas le décryptage au risque de vous perdre- règlementent la profession bancaire.
En revanche, il est utile pour une bonne compréhension du sujet, de mentionner quelques textes de référence sur les obligations des banques en matière de facturation ainsi qu'une définition succincte de certains termes utilisés qui seront repris dans le glossaire en fin d'ouvrage.

Tarification : les limites imposées par la loi

La tarification des services bancaires est par principe libre… à certaines réserves près.
Ainsi, la « Décision de caractère général n°69-02 du 8 Mai 1969 du Conseil National du Crédit relative aux conditions de réception des fonds par les Banques » indique :

(Article 4) :« *Les banques fixent librement les conditions qu'elles appliquent* »sauf celles pour lesquelles la loi impose un plafonnement ou la gratuité.

Le plafonnement porte sur les typologies de frais suivants dont les caractéristiques seront détaillées ultérieurement :

- Les frais de rejet de chèques, de virements et de prélèvements
- La commission d'intervention (*la définition donnée par les banques dans leur plaquette tarifaire est conforme à celle donnée par la réglementation mais cependant loin d'être explicite*).
- Les offres pour la clientèle en situation de fragilité
- Les frais sur les comptes inactifs.

(Art R312-19 crée par le décret n°2015-1092 du 28 août 2015 Art.1er) dont le montant annuel maxi de 30 euros par compte a été fixé par arrêté du 21 septembre 2015.

La gratuité quant à elle relève des opérations suivantes :

- Les services bancaires de base pour les clients bénéficiant du « droit au compte ». Seule la Banque de France a autorité pour contraindre une banque à ouvrir un compte à toute personne non bancarisée. Ce « Droit au Compte » ou Service Bancaire de Base (SBB) comprend un ensemble de produits réglementés. (CMF art. D.312-6 : Décret n°2016-1811 du 22 décembre 2016 – art 5)
- Les frais de rejet de prélèvements pour les personnes dont le dossier a été jugé recevable par la commission de surendettement.
  (Code de la consommation Art L722-12 crée par Ordonnance n°2016-301 du 14 mars 2016 – art)
- Le service de mobilité bancaire qui impose la gratuité du changement de domiciliation bancaire d'un client entre ses différentes banques. Ainsi, lors d'une ouverture de compte, l'ancienne banque et la nouvelle banque doivent assumer gratuitement le transfert automatique d'informations entre elles(CMF art L.312-1-7 : Ordonnance n°2016-1808 du 22 décembre 2016 – art 4)

- Les retraits en espèces dans votre agence ou aux distributeurs de votre Banque doivent être gratuits selon les directives« de bon usage professionnel » de la FBF (Fédération Bancaire de France) n°2005/013 du 7 janvier 2005 ».
- La délivrance d'un chéquier en agence doit être possible et gratuit. Le non-respect par la banque peut faire l'objet de sanctions pécuniaires et/ou disciplinaires de l'ACPR(Article L 612-39 du CMF). Néanmoins, sous réserve de l'acceptation du client de les recevoir par la Poste, les frais d'envoi peuvent lui être facturés.
- L'opposition par son titulaire, d'une carte bancaire consécutivement à un vol, une perte, un usage frauduleux ou abusif doit être également gratuit (article L 133-26 du CMF (Code monétaire et Financier) et dont les sanctions pécuniaires et/ou disciplinaire de l'ACPR sont précisées dans l'Article L 612-39 du CMF)

En cas de litige avec votre banque sur un de ces sujets, vous pouvez gratuitement faire appel au Médiateur dont les coordonnées sont précisées dans le dépliant tarifaire de votre banque selon l'article L 316-1 du CMF (Code Monétaire et Financier).

En cas de refus de votre banque de se conformer à l'avis du médiateur, vous pouvez saisir l'ACPR (**A**utorité de **C**ontrôle **P**rudentiel et de **R**ésolution) à l'adresse suivante :

Autorité de contrôle prudentiel et de résolution
Direction du contrôle des pratiques commerciales
75436 PARIS CEDEX 09

ou par mail en se rendant sur le site de l'ACPR suivante et en complétant le formulaire proposé :
https://acpr.banque-france.fr/lacpr/presentation/contacts

Enfin, le Code Civil (Articles 1108 et 1131 cités en préambule) précise que les frais pratiqués par la banque « doivent être causés »

Ainsi « *toute facturation doit être justifiée par une contrepartie réelle* », c'est-à-dire une prestation ou un service effectif rendu par la banque. Cette facturation doit par ailleurs être « *proportionnée au service rendu et en rapport avec les coûts de gestion supportés par la banque.* »
De surcroit, « *un même service ne peut être facturé qu'une seule fois* »
La banque ne peut donc pas percevoir « *plusieurs facturations pour la même cause quels que soient leurs intitulés et leurs modalités de perception* »
Il sera intéressant de creuser ce sujet au regard des principaux items des frais facturés aux détenteurs de comptes bancaires.

Tarification : le devoir d'information

La loi règlemente également l'information due au consommateur

Les frais bancaires doivent faire l'objet d'une information préalable au client lors de l'ouverture du compte ou du produit et également deux mois avant chaque évolution de tarifs.
Pour certains produits et notamment les produits de prévoyance ou d'assurance, ce délai est allongé à 3 mois.
L'absence de justification ou d'information préalable dans les délais impartis est une cause d'annulation des frais prélevés par la banque.

Suite au rapport Constans Pauget de juillet 2010 (mandaté par La Ministre de l'Economie de l'époque Christine Lagarde et rapporté par la Fédération Bancaire de France (FBF) dans sa communication n°2010/305 du 10 décembre 2010), les banques se sont engagées à ce que leurs conventions *ou packages* soient plus avantageux que l'offre de produits bancaires souscrites unitairement à la carte et que ces conventions n'intègrent que des produits et services utiles pour le client.

Sur ce sujet, nous examinerons la manière dont les banques ont fait évoluer leurs conventions ou *packages* pour respecter la loi tout en optimisant leur offre pour engranger toujours plus de profits.

Enfin, pour faciliter la lecture et surtout la comparaison entre les différents Etablissements, le législateur a imposé une normalisation des plaquettes tarifaires de l'ensemble des banques qui sont désormais contraintes :

⇨ de respecter dans leurs dépliants tarifaires, un sommaire-type ainsi que les dénominations communes pour les principaux frais et services bancaires définis par la réglementation.

*(décret N° 2014-373 du 27 mars 2014 relatif à la dénomination commune des principaux frais et services bancaires et l'article D 312-1-1 du Code Monétaire et Financier en reprenant les intitulés précisés dans le socle d'harmonisation élaboré par le CCSF (**C**omité **C**onsultatif du **S**ecteur **F**inancier)*

⇨ et, depuis le 1ᵉʳ janvier 2011, de présenter un extrait standard des tarifs au début de leur plaquette tarifaire sur la base de 11 items qui ont été définis au sein du CCSF (Comité Consultatif du Secteur Financier) en

concertation avec les professionnels et les associations de consommateurs.
Cette obligation de présenter un extrait standard des tarifs dans les plaquettes tarifaires ne concerne que la clientèle de particuliers

Une avancée récente a facilité le choix du consommateur, avec la mise en ligne en février 2016 d'un comparateur public des 11 items de l'extrait standard des tarifs de toutes les banques en France sur le site :

https://www.tarifs-bancaires.gouv.fr/

Ce comparateur a été mis en place par le CCSF à la demande de Michel Sapin en charge à l'époque du Ministère de l'Economie et des Finances.

Pour autant, nous démontrerons que ce comparateur n'est nullement suffisant pour comprendre et comparer efficacement les pratiques tarifaires des banques en se référant uniquement sur ces 11 tarifs « standards ».

Tarification au regard de l'éthique

La loi fixe des règles contraignantes et des sanctions qui motivent à les respecter.

Par conséquent, n'en doutons pas : les banques s'efforcent de respecter au mieux la loi.
Certaines associations de consommateurs là aussi en font leur cheval de bataille et saisissent la juridiction compétente en cas de manquement.

C'est pourquoi notre approche se focalisera essentiellement sur l'éthique des pratiques de tarification et non sur le respect du droit.

Qu'en est-il de l'éthique ?

Si les banques s'efforcent de respecter au mieux la loi, nombre d'entre elles n'excluent pas d'exploiter les imprécisions des décrets pour sauvegarder et optimiser leurs profits.

J'ai exercé pendant de très nombreuses années au sein d'un grand groupe bancaire en qualité de responsable de la tarification et de la création d'offres bancaires.

J'ai étudié les pratiques tarifaires des banques, décortiqué les process de facturations, participé aux cahiers des charges des applications informatiques pour intégrer les évolutions réglementaires, optimiser ou créer de nouvelles facturations et services.

Et je vous livre la face cachée de la tarification.

Le dépliant tarifaire

Débutons par le dépliant tarifaire, base du contrat entre la Banque et son client.

Afin de se conformer aux obligations d'information, les banques doivent adresser chaque année à leurs clients le nouveau dépliant tarifaire et ce, deux à trois mois avant sa mise en application.

A la même date, le dépliant doit être publié sur le site internet de la banque.

Normalisés, publiés et comparés en ligne... une aubaine pour le consommateur ? Pas seulement !

Une aubaine également pour les responsables tarifications de chaque banque qui effectuent également une étude précise des évolutions de tarifs et des nouvelles offres des banques concurrentes.

Pour un œil averti, la lecture approfondie de ces tarifs dévoile assez facilement l'orientation et la stratégie que la banque souhaite mettre en œuvre pour générer le plus de PNB possible.

La publication des tarifs annuels intervient pour la plupart des Etablissements le 1er janvier de chaque année.

Contrairement aux idées reçues, il n'y a pas d'entente commerciale entre les banques ! Ce n'est même pas utile...

Cette visibilité totale qui concourt à l'élaboration des enquêtes presse annuelles, permet aux banques concurrentes de débuter sans attendre leurs *benchmarks* (observation et analyse des pratiques et des performances de la concurrence).
Elles analysent leur positionnement au regard des autres, réfléchissent aux possibles évolutions tarifaires pour l'année suivante en faisant des projections via des requêtes informatiques pour en analyser les impacts et les projections sur le PNB.

C'est ainsi que les tarifs sont progressivement réajustés à la hausse conduisant à une harmonisation de la tarification qui vient à l'encontre de l'intérêt du consommateur.

Par ailleurs, certaines banques ont volontairement décalé la parution de leur plaquette tarifaire en avril ou en juin de chaque année.

Quel intérêt poursuivent-elles sous couvert de cette décision anecdotique ?

En premier chef, elles se positionnent après les concurrents qui dévoilent leurs nouvelles conditions en janvier et passent ainsi sous le radar des enquêtes presse qui suivent dès leurs publications.
Elles seront donc jugées uniquement sur les derniers tarifs connus, donc ceux de l'année précédente.

Bénéficiant ainsi d'une vue d'ensemble sur les nouvelles conditions de la concurrence et ayant pu mesurer la réaction des médias, elles ont toutes les cartes en main pour réajuster leurs tarifs ou faire profil bas si besoin.

Les principaux tarifs qui évoluent à la hausse chaque année sont ceux qui dégagent le plus de PNB car il est relativement facile d'en estimer l'impact immédiat sur les résultats de la banque.

Si la loi précise que la tarification doit être proportionnée au service rendu et en rapport avec les coûts supportés par la banque, je pense que ce type de question n'a jamais prévalu à la fixation ou à l'évolution des tarifications.

Dans mes activités, pour fixer ou faire évoluer un tarif, je n'ai jamais recherché quel était le véritable prix de revient de l'opération concernée et il est fort probable que cela soit le cas pour l'ensemble de la profession.

De surcroit, à quoi cela servirait-il ?

Pour faire évoluer les tarifs non réglementés, les responsables de la tarification se posent tout simplement les questions suivantes : pouvons-nous augmenter le tarif et de combien au regard des pratiques des autres banques ? Quel sera le PNB généré ?

La Banque a la volonté d'être irréprochable sur tous les plans y compris la facturation et ses juristes et autres spécialistes de la conformité sont de véritables garde-fous au service du respect de la loi et des bonnes pratiques.

Cela je peux vous l'assurer !

En revanche, les responsables de la tarification -dont j'étais- doivent mesurer ce que chaque décision implique en matière de gain ou perte de PNB et mettre chaque décision en perspective sur les années futures.

Les décisions d'évolution des tarifs relèvent en définitive des Directions Générales et sont le plus souvent des compromis pour satisfaire tout à la fois au respect du droit et à la sauvegarde du PNB.
Car, il ne faut pas s'y tromper, si la Banque suivait à la lettre les recommandations de ses juristes, elle serait certes tout à la fois irréprochable au niveau du droit et conforme à l'éthique, en revanche son PNB serait très certainement divisé par deux.

Les coûts significatifs de mise en conformité des programmes informatiques faisant suite aux nombreuses évolutions réglementaires ainsi que la baisse des taux de crédit qui amoindrit la marge d'intermédiation, incitent fortement les Banques à compenser ces *manques-à-gagner* par une augmentation des frais entrainant des pratiques qui peuvent parfois heurter notre éthique.

C'est pourquoi les tarifs des frais les plus rémunérateurs évoluent chaque année, parfois même de manière déraisonnable avec des progressions excédant 10%, bien au-delà du niveau de l'inflation historiquement bas ces dernières années.

Cette pratique n'engendre pourtant aucune réaction de l'Etat qui parait aveugle au regard de cette politique tarifaire inflationniste des établissements financiers.

Les personnes de condition moyenne paient le prix fort de cette démesure. Elles, dont le revenu stagne, voient leur pouvoir d'achat amputé par cette inflation de frais en tous genres.

Selon les enquêtes presse, chaque client supporterait entre 150 euros et 300 euros de frais bancaires par an. Dans les faits, cette moyenne ne correspond en rien à la réalité pour de très nombreux clients des banques.

Pour illustrer cela, considérons les différentes typologies de clientèle d'une banque.

La segmentation de la clientèle

De manière simpliste, distinguons trois grandes catégories de clientèles comportant chacune plusieurs profils distincts : depuis ceux qui paient le moins de frais bancaires jusqu'à ceux qui, à contrario sont les contributeurs les plus significatifs, avec entre-deux, une population dite intermédiaire :

Les clientèles les moins contributrices en matière de frais :

Au sein de la population qui contribue le moins, viennent en premier les « personnes en situation de fragilité » qui bénéficient d'une offre règlementée stricte à laquelle nous consacrerons un chapitre spécifique.

En toute transparence, en dehors de l'obligation du respect de la réglementation, cette clientèle ne représente aucun intérêt commercial pour les banques car les frais susceptibles de leur être imputés sont très réduits et plafonnés de surcroît. Les sources de PNB pour la banque sont quasi inexistantes.

Vient ensuite, la catégorie des « jeunes de moins de 25 ans ». Cette population bénéficie d'une offre très économique, le plus souvent source de perte pour la banque.
Nous avons évoqué la difficulté qu'ont les banques à trouver de nouveaux clients dans un marché plus que mature. C'est la raison pour laquelle elles investissent prioritairement sur la conquête et l'équipement des enfants de leurs clients et des étudiants en proposant des offres séduisantes et peu onéreuses.

En se positionnant en qualité de premier banquier dans la vie de ces jeunes, elles ambitionnent de les fidéliser et de les conserver tout au long de leur vie personnelle et professionnelle. Une clientèle peu rentable pour la banque dans l'immédiat et dont la fidélité dans le temps reste à démontrer.

Le dernier segment de la clientèle peu contributrice au PNB de la banque sont les CSP +++ (**C**atégorie **S**ocio-**P**rofessionnelle Supérieure) sous des étiquettes telles « Patrimoniaux », « Riches » ou « Fortunés », ils sont hiérarchisés en fonction de leur équipement et leur épargne.

Une clientèle, certes à fort potentiel d'équipements mais très exigeante et particulièrement intolérante aux frais bancaires et qui dispose d'excellents arguments pour faire plier leur banquier.
Pour conserver ces clients et la manne de leurs avoirs, les banques les entourent de beaucoup d'égards en les exonérant partiellement ou totalement de tous frais et commissions car cela pourrait nuire à la relation et par effet domino aux relations avec l'ensemble de leur famille.

La population intermédiaire.

La population intermédiaire est celle qui dispose d'un revenu stable et dont les dépenses sont en adéquation avec celui-ci. Elle bénéficie fréquemment d'une capacité d'épargne la mettant quelque peu à l'abri des imprévus. Elle présente de très faibles besoins de découvert et de fait n'est assujettie qu'à des frais bancaires limités.

Les gros contributeurs en matière de frais bancaires

Le fort contingent au sein de cette population, sont les clients aux revenus modestes et plus ou moins stables qui ne parviennent pas à mettre en adéquation leurs dépenses.
Ayant peu d'épargne, ils utilisent de manière récurrente leur modeste autorisation de découvert comme une avance permanente de trésorerie leur permettant d'assurer leur quotidien jusqu'au prochain salaire.
Et parmi les plus modestes, nombreux sont ceux dont les frais bancaires *mensuels* dépassent 100 euros.

La seconde typologie de cette catégorie, est constituée de personnes disposant d'un bon revenu -voire un revenu élevé- mais qui ont néanmoins un train de vie encore plus élevé et utilisent régulièrement et largement un découvert qui leur est facilement octroyé.

Cette dernière population est fortement impactée par les frais bancaires même si certains clients -notamment ceux ayant une épargne-, bénéficient de temps à autre d'une rétrocession de commissions suite à une réclamation.

A la lecture de ces différents types de profils-clients et de leurs fortes disparités de contribution aux frais perçus par la banque, on comprend qu'afficher un niveau moyen de frais bancaires par client, est un indicateur de peu d'intérêt sauf à assurer un suivi macro-économique de son évolution dans le temps.

Richard Claude

Règlementation et pratiques de facturation des différents frais bancaires liés au découvert

Parmi les principaux frais bancaires, ceux liés au découvert cristallisent à eux seuls, la majorité des points d'achoppement entre les banques et leurs clients.

Vous avez peut-être déjà fait l'expérience des différents types de frais qui sont facturés lorsque vous êtes utilisateurs de découvert bancaire

Pour les banques, le découvert c'est 3 sources de facturations possibles :
- les agios basés sur le calcul des intérêts débiteurs
- les frais liés à la délivrance d'une autorisation de découvert,
- La lettre d'information en cas de découvert non autorisé

Toutes les banques ne facturent pas l'ensemble de ces 3 facturations.

Cette décision relève pour chacune, de l'analyse qu'elle opère en fonction de plusieurs critères. Néanmoins, quel que soit le niveau auquel elle pousse les curseurs de ces 3 paramètres, l'optimisation du PNB demeure le fil rouge de ses décisions.

Et si les curseurs ne sont pas poussés à leur maximum c'est qu'une limite est dictée par la loi.

Ces frais sont encadrés par la Banque de France qui fixe le *taux d'usure*, lequel correspond au taux maximum légal pouvant être pratiqué.

Ce taux d'usure est exprimé sur la base du TAEG -Taux Annuel Effectif Global. En matière de frais liés au découvert, ce TAEG intègre l'ensemble des frais facturés pour le découvert tels les frais fixes liés à sa mise en place ainsi que les frais variables appelés *agios*.

Pour fixer le taux de l'usure, la Banque de France calcule chaque trimestre, un TAEG moyen sur la base des taux pratiqués le trimestre précédent par un échantillon de banques sur ce type d'opération.

Ce TAEG moyen est ensuite majoré d'1/3 pour fixer le taux d'usure.

Ainsi le taux d'usure est égal à 133% du taux moyen pratiqué par les banques.

La Banque de France a la possibilité de déroger à cette règle pour fixer un taux d'usure plus adapté au contexte économique.

Une décision qui n'a apparemment jamais été prise durant ces douze dernières années au regard de l'évolution du taux d'usure du découvert sur la période 2006/2018. Cette fourchette sur cette période est comprise entre 19,67% et 20,88%, excepté quelques pointes à plus de 21% en 2010 et 2011.

Ce taux d'usure, défini par l'article L 313-3 du Code de la Consommation, ne tient guère compte de la conjoncture économique, de l'inflation, s'affranchit de la cohérence des taux entre le découvert, les prêts à la consommation et les prêts immobiliers et n'intègre aucun indice sociétal tel l'évolution du nombre de personnes en situation de fragilité.

D'aucuns diront même que des taux élevés sont nécessaires pour permettre aux plus modestes d'accéder au découvert en permettant aux banques d'en compenser le risque élevé.

Soulignons néanmoins que ce risque reste mesuré, un découvert est le plus souvent déterminé en fonction du niveau et de la stabilité des revenus de la personne et il peut assez facilement être dénoncé par la banque en cas de dérapage, même si la réglementation exige un formalisme bien défini.
Dans ce cas, elle demandera au client un remboursement immédiat ou un paiement échelonné du découvert.

Les Agios ou intérêts débiteurs

La détermination du taux des agios :

Depuis le 1er mai 2011(article L312-1-1) les banques ont l'obligation de mentionner le TAEG(Taux Annuel Effectif Global)sur l'extrait de compte de leurs clients, avec le montant du découvert autorisé lorsque celui-ci est indiqué.

Il ne s'agit que d'un exemple de TAEG calculé sur la base d'une utilisation totale du découvert.

Il y a encore une dizaine d'années, les banques avaient de grandes difficultés à effectuer une veille sur les pratiques tarifaires de leurs concurrents en matière de découvert.

Le plus souvent, c'étaient les clients eux-mêmes qui informaient leur gestionnaire des propositions ou des tarifs pratiqués par les autres banques.
Les plaquettes tarifaires étaient alors incomplètes et l'absence d'harmonisation des libellés des frais les rendaient peu comparables.
A l'époque, la réglementation n'était pas aussi précise qu'aujourd'hui.

Depuis, le législateur a imposé plus de transparence en normalisant les terminologies employées dans les dépliants tarifaires des clients particuliers.

Cette obligation de transparence a notamment imposé aux banques de renseigner dans leur plaquette tarifaire au chapitre « Découverts et Crédits », le TAEG du découvert au travers d'un exemple.

Nous trouvons par exemple un TAEG de 19.87% pour une banque, 20.87% pour une seconde et 20.88% pour une troisième...
Ainsi, aujourd'hui, il est facile pour tout un chacun de comparer les tarifs standards des banques.

Nous l'avons vu, les banques elles-mêmes y ont trouvé un intérêt certain pour comparer leur propre tarification à celle de leurs pairs, évaluer leur positionnement dans leur zone de chalandise, étudier les nouvelles facturations et les évolutions de tarifs de l'ensemble de la place bancaire.

Chaque année les banques réajustent ainsi leur taux de découvert en fonction des pratiques de leurs concurrents tout en restant très légèrement en dessous du taux d'usure fixé par la banque de France. (20,88% pour un découvert inférieur ou égal à 3000 euros au 1er trimestre 2018).

La conséquence inattendue induite par cette harmonisation du formalisme des plaquettes tarifaires des banques a conduit également à l'harmonisation de leurs tarifs, réajustement le plus souvent opéré à la hausse.

Vous noterez combien votre compte à découvert est lourdement sanctionné par un taux d'intérêt élevé et disproportionné (exemple 18%) au regard de la rémunération versée par la banque pour votre épargne (Compte sur Livret aux alentours de 0,25% bruts)

Dans ces conditions, vos 1000 euros placés sur un livret d'épargne standard à 0,25% brut vous rapporteront 78 euros en intérêts cumulés après 30 années de placement mais vos 1000 euros de découvert au taux de 18% rapporteront à la banque 75euros en moins de 5 mois.

Le Calcul des agios

Selon la définition du CCSF(Comité Consultatif du Secteur Financier)
« **C'est la *somme due à la banque lorsqu'un compte présente un solde négatif pendant un ou plusieurs jours. Le calcul de cette somme s'effectue sur la base des dates de valeur*** »
(https://www.ccsfin.fr/information-pratiques/glossaires)

Si vous demandez à votre conseiller une explication concernant le mode de calcul des agios, il vous indiquera certainement :

« ***Il suffit d'additionner tous les nombres débiteurs de la période, de multiplier ce résultat par le taux de découvert annuel et ensuite de le diviser par 365 jours de l'année.*** »

Il n'est pas étonnant que bon nombre de clients des banques se plaignent du manque de transparence et de clarté des banques !

L'Article 314-7 du Code de la Consommation indique : « … chacun des soldes débiteurs successivement inscrits en compte au cours de l'intervalle séparant 2 arrêtes contractuels est multiplié par sa propre durée en jours. »

Pour vraiment comprendre, prenons un exemple concret :

Marie a un compte de chèque qui a de temps en temps, présenté un solde négatif pendant le 1er trimestre de l'année :
- ➢ De-200 euros pendant 10 jours entre le 8 janvier et le 18 janvier
- ➢ De-400 euros pendant 20 jours entre le 1 février et le 21 février.

p. 45

Si le taux d'intérêt pratiqué par sa banque est de 18% par an :

> - Les nombres débiteurs de la 1ère période de découvert sont 200 euros x 10 jours soit 2000 euros
> - Les nombres débiteurs du 2ème découvert sont 400 euros x 20 jours soit 8000 euros

Soit un total des nombres débiteurs dans le trimestre de 2000 euros + 8000 euros = 10.000 euros
Le montant des agios du trimestre se calcule ainsi : 10.000 euros x 18% / 365 jours soit 4,93 euros

Les agios rapportent chaque année plusieurs centaines de millions d'euros aux banques.
Pour autant cette manne financière ne semble pas suffisante pour certaines d'entre elles qui cherchent à augmenter leurs revenus.

Depuis quelques années, en effet, une nouvelle facturation apparait progressivement dans les dépliants tarifaires des banques au chapitre des découverts.

Une facturation qui passe encore quasi inaperçue mais tend à se généraliser : la méthode du minimum forfaitaire.

En consultant le dépliant tarifaire d'un de ces Etablissements, on peut lire :

« ***Découvert journalier moyen inférieur à 400 € : minimum forfaitaire de perception 9€***»

Avec en tout petit caractère : « ***le découvert moyen est la somme des découverts entre 2 arrêtés de compte, divisé par le nombre de jours débiteurs*** »

Avec la formule magique :

« *Hors* **TAEG** *selon l'Art R313-4 du Code de la Consommation* »

Mieux encore, une banque du même groupe que celle de l'exemple précédent, affiche sur son dépliant tarifaire 2019 un montant forfaitaire trimestriel de 22 €.

Les banques concernées ont constaté que nombre de leurs clients étaient si peu à découvert dans le trimestre que cela ne générait pas un PNB significatif.
Parfois le montant des agios de la période était si faible (même avec un taux de 20%) que la banque ne prélevait rien à son client.

C'est ainsi que cette facturation du « minimum forfaitaire » sanctionne les utilisations de découvert les plus modestes voire même celles qui n'ont pas dépassé une seule journée dans le trimestre !

Cette pratique est inscrite dans le Code de la Consommation dans l'article R314-9 qui se substitue depuis 2016 à l'Article R314-4. Pour autant, la plupart des banques n'ont pas encore réactualisé cet article dans leur plaquette.

« *Lorsque le montant des opérations mentionnées aux articles R.314-7 et R.314-8 est inférieur à un montant fixé par arrêté du ministre chargé de l'économie et des finances, il peut être perçu pour chaque opération un minimum forfaitaire qui n'est pas pris en compte pour déterminer le taux effectif global ...*»

Votre conseiller pourrait vous expliquer qu'un minimum forfaitaire d'agios vous sera dorénavant facturé dès que votre compte aura été à découvert -ne serait-ce- que de quelques centimes.

Cette définition simpliste n'est pas tout à fait exacte.

Pour éviter que ce forfait minimum d'agios soit intégré au calcul du TAEG du découvert et plafonné au taux d'usure, les banquiers concernés ont travaillé longuement pour peser chaque mot de la définition indiquée dans leur dépliant tarifaire.

Une définition incompréhensible pour un non juriste mais qui permet aux banques d'exclure cette facturation à la réglementation du TAEG et du plafond du taux d'usure.

Sans contrainte du plafond du taux de l'usure, la banque peut en toute légalité appliquer ce minimum forfaitaire qui représente en contre-valeur un taux d'intérêt pouvant s'élever largement à plus de 200%.

Mettons en scène Amélie qui a fait un achat coup de cœur de 250 euros alors qu'elle ne disposait pas de cette somme sur son compte.

S'en rendant compte quelques jours plus tard, elle décide de compenser ce découvert en effectuant un virement de son livret d'épargne. Le compte d'Amélie a donc été débiteur de 250 euros pendant 5 jours dans le trimestre au taux de 18%.

Si sa banque ne pratique pas *le minimum forfaitaire*, Amélie devra régler environ 0,60 euros d'agios, voire même 0 euro car certaines banques ne facturent pas en dessous de 1 euro.

Si sa banque pratique *le minimum forfaitaire*, Amélie devra donc régler 9 euros forfaitairement pour le trimestre concerné ! Soit en contrevaleur, un taux d'intérêt d'environ 270 %.

Ainsi sur l'ensemble de sa clientèle, cette pratique du forfait minimum s'avère être un excellent rendement pour la Banque qui améliore de 20 ou 30% le PNB global généré parla facturation du découvert.

De nombreuses banques ont certainement déjà simulé cette facturation au forfait qui s'affranchit du TAEG et elle se généralisera très rapidement, n'en doutons pas.

Cette nouvelle facturation présente néanmoins un inconvénient majeur : les conseillers bancaires ont d'énormes difficultés à la justifier auprès de leurs clients.
C'est le cas lorsque le client est débité de ce forfait minimum de 9 euros pour un découvert insignifiant sur l'un de ces comptes et de quelques centimes d'euros pour un découvert bien supérieur sur un autre compte qu'il détient dans la même banque !

Pour illustrer cette incohérence, reprenons l'exemple d'Amélie

Rappel de la définition du découvert journalier moyen :

« *Découvert journalier moyen inférieur à 400 € : minimum forfaitaire de perception 9€ ...*
Le découvert moyen est la somme des découverts entre 2 arrêtés de compte, divisé par le nombre de jours débiteurs »
Hors TAEG selon l'Art R313-4 du Code de la Consommation »

Le compte d'Amélie s'est retrouvé à découvert de 250 euros pendant 5 jours durant le trimestre et a subi la facturation du minimum forfaitaire de 9 euros car le découvert moyen journalier du trimestre s'est élevé à 250 euros
(250 x 5) /5, donc assujetti au forfait (inférieur à 400 euros)

Si Amélie avait eu un autre compte à découvert à hauteur de 250 euros pendant 5 jours puis de 1000 euros pendant 10 jours, le découvert journalier moyen selon la formule décrite ci-dessous aurait été de 750 euros [(250 x 5) + (1000 x10)] /15 jours.

Pour ce 2ème compte d'Amélie, la banque n'aurait pas pu prélever le forfait minimum de 9 euros car le découvert moyen est supérieur aux 400 euros comme le précise la définition. Elle a simplement appliqué le taux d'agios de 18% et facturé environ 5,50euros d'agios.

C'est la raison pour laquelle Amélie -comme tous les clients concernés par le minimum forfaitaire-est très déconcertée par cette

facturation plus importante sur le compte qui a été très peu à découvert.

Une telle différence parait éminemment injustifiée et par conséquent inexplicable.

Les banques souhaitent-elles inciter leurs clients à utiliser de manière plus intensive le découvert ?
Il n'est est rien ! Elles n'ont qu'un objectif : gagner encore plus d'argent...voilà tout !

Une pratique qui questionne tout à la fois la moralité et le sens de l'équité... pratique pour autant validée par le code de la consommation !

Cette facturation génère beaucoup d'incompréhension au niveau de la clientèle et par conséquent de nombreuses réclamations auprès des conseillers désarmés pour y répondre.

Peu importe ! L'impact sur le PNB est si significatif qu'il n'est pour l'heure pas question d'y renoncer sauf, bien entendu, en cas d'évolutions réglementaires.

Comment transformer une facturation sanction en facturation positive pour le client ?

Faute d'arguments probants pour justifier la facturation de ces nombreux frais et pour *détendre* les relations avec leurs clients, certaines banques leur proposent de souscrire un nouveau contrat.

Ce contrat leur permet d'obtenir des exonérations et des rétrocessions de frais. On parle alors de facturation positive.

Exemple de contenu d'un contrat :
Moyennant une cotisation mensuelle de 4 euros, le client bénéficie :
- d'une franchise d'agios de 12 euros par trimestre
- de la rétrocession d'une commission d'intervention par mois (8 euros)
- de la gratuité d'un chèque de banque par an
- d'une opposition d'un chèque par an
- de quelques retraits gratuits par mois sur les distributeurs de billets de la concurrence (retraits déplacés)

Le client aura donc le choix cornélien de payer ponctuellement des frais ou de payer mensuellement un produit pour l'exonérer de certains frais.

Ainsi en souscrivant un produit facturé 4 euros par mois, le client pense être gagnant en bénéficiant d'une franchise d'agios de 12 euros par trimestre, d'une rétrocession d'une commission d'intervention de 8 euros par mois et de nombreux autres avantages dont la plupart sont inclus dans l'offre parce qu'au final étant très peu utilisés, la perte de PNB est minime pour la banque.

Un avantage en apparence mais sujet à caution pour le client dans la plupart des cas. En effet, ici aussi, la banque limitera au maximum la perte de PNB en conditionnant cette offre à des règles de gestion restrictives.

Ainsi en regardant d'un peu plus près –c'est-à-dire dans les petites lignes du contrat- il est souvent précisé que l'exonération ou la rétrocession s'applique seulement si le montant des agios du trimestre est inférieur au montant défini contractuellement.

Cela signifie que tout dépassement de ce plafond impliquera le prélèvement de la totalité des agios calculés.
Exemple : votre contrat vous propose *une franchise relative* d'agios de 12euros par trimestre.

- ➢ Durant le 1er trimestre 2018, votre découvert a généré 10,50 euros d'agios. La franchise de votre contrat s'applique et vous ne paierez pas d'agios pour ce trimestre.
- ➢ Durant le 2ème trimestre 2018, le découvert a été plus fortement utilisé et les agios du trimestre sont de 12,50 euros. Ici la franchise relative ne s'applique pas car vous avez dépassé le plafond de 12euros. Vous serez donc facturé de la totalité des agios soit 12,50 euros et non pas uniquement des 0,50 euros qui sont au-delà de la franchise.

Il en va de même pour l'exonération ou la rétrocession de la commission d'intervention par mois prévue au contrat.
Un petit alinéa précise souvent : « si une et une seule commission d'intervention est prélevée sur le compte dans le mois »

Ainsi le client facturé de 2 commissions d'intervention ou plus dans le même mois ne bénéficiera d'aucune exonération ou rétrocession de cette facturation ; pas même de la première.

Nous détaillerons dans un chapitre ultérieur, les modalités de facturation de la commission d'intervention et nous constaterons que dans plusieurs Etablissements cette facturation lorsqu'elle intervient est facturée par salves.

Voilà ce qu'est la franchise relative !

Un élément générateur d'un PNB supplémentaire et significatif ….

Tout est pensé et automatisé pour prélever toujours plus de frais et de cotisations en toute légalité et sans jamais renoncer au moindre euro de PNB!

Richard Claude

La mise en place de l'autorisation de découvert :

La Banque peut vous accorder une autorisation de découvert dont le montant est généralement proportionnel à vos revenus.

Cette autorisation de découvert peut faire l'objet d'une facturation annuelle comprise entre 12 et 30 euros, mais le nombre de banques « traditionnelles » qui la facturent reste assez faible mais ce n'est pas par mansuétude à votre égard !

Car la grande majorité d'entre-elles auraient préféré la facturer !

Le frein à cette facturation est dû au plafonnement des frais imposés par la Banque de France qui fixe pour chaque trimestre comme nous l'avons vu, un taux d'usure à ne pas outrepasser.
(Taux de l'usure : 20,88% au 1er janvier 2018 pour un découvert inférieur ou égal à 3000 €)

Les banques qui affichent dans leur dépliant tarifaire des taux d'agios importants entre 16 et 18% sont déjà proches du taux d'usure et l'impact de la facturation de cette autorisation de découvert (qui entre dans le calcul du taux réel du découvert, le TAEG) serait tel que le taux de l'usure s'en trouverait pulvérisé… et la banque contrainte d'écrêter sa facturation pour s'y conformer.

Au final, cette facturation n'apporterait que bien peu de PNB supplémentaire mais génèrerait force mécontentements et réclamations.

Alors quelles sont les motivations des banques qui persistent à facturer ces demandes d'autorisations de découvert ?

Les banques qui persistent sont conscientes que la facturation de ces autorisations pour les clients fréquemment à découvert leur rapporte peu de PNB du fait de l'écrêtage dû au respect d'un TAEG inférieur au taux d'usure.

Ce qu'elles recherchent avant tout c'est générer un nouveau PNB.

C'est chose faite en proposant, équipant et facturant une autorisation de découvert à un grand nombre de leurs clients jusqu'alors peu contributeurs de frais ou d'agios.

Des clients qui n'utilisent peut-être jamais de découvert mais qui acceptent somme toute de se prémunir par confort ou précaution dans le cas où, par inadvertance, ils seraient un jour à découvert.

Un PNB récurrent et non plafonné réglementairement.

Une stratégie à « double bandes » qui consiste à faire payer des intérêts débiteurs aux clients ayant besoin de découvert et à faire payer une autorisation de découvert à ceux qui n'ont en pas ou guère besoin.

Et si le compte se trouve à découvert sans autorisation ?

Si la banque ne vous a pas octroyé une autorisation de découvert ou si simplement vous n'en aviez pas fait la demande, elle pourra tolérer un découvert mais les frais générés seront nettement plus élevés.

Si la Banque accepte de payer les opérations qui mettent votre compte à découvert, le taux qui vous sera appliqué sera le plus souvent majoré de 2 ou 3 points par rapport à celui que vous auriez supporté avec une autorisation.

En outre et nous le verrons plus loin, la banque vous facturera des commissions d'intervention en rémunération de l'analyse et de la décision précise.

La lettre d'information pour compte débiteur non autorisé.

Si toutes les banques n'appliquent pas cette facturation, cette pratique tend lentement à se généraliser.

Elle consiste, lorsque votre compte est à découvert sans autorisation préalable ou au-delà du découvert qui vous a été octroyé, à vous adresser un courrier vous demandant de régulariser rapidement votre situation.

Et cette lettre peut vous être facturée aux alentours de 15 euros.

Que penser de cette facturation si on se réfère au texte qui indique que les frais pratiqués par les banques « ***doivent être causés et justifiés par une contrepartie réelle…*** (C'est-à-dire une prestation ou un service effectif rendu par la banque)…***proportionnée au service rendu et en rapport avec les coûts de gestion supportés par la banque*** » ?

Cela parait bien être excessif au regard du coût généré par l'envoi d'une simple lettre.

Mettons en scène Alex : il reçoit une lettre d'information de sa banque l'informant que son compte est débiteur suite au paiement d'un chèque de 300 euros qui a mis son compte à découvert de 150 euros pendant 3 jours.

Or, Alex n'a pas d'autorisation de découvert. Il pensait que ce chèque allait se présenter après le virement mensuel de son salaire.

Voici le détail de la facture liée à cette petite étourderie :

Pour avoir payé ce chèque de 300 euros, la banque va facturer à Alex :

> - 15 euros pour l'envoi de la lettre d'information pour compte débiteur non autorisé
> - 8 euros de commission d'intervention qui correspond à l'étude et la décision prise (facturation que nous détaillerons au chapitre « La commission d'intervention et frais de rejet »)
> - Et la banque majorera son taux de découvert standard de 3 points comme il est mentionné dans son dépliant tarifaire au chapitre « Découverts et crédits » :

« En cas de dépassement ou en l'absence d'autorisation de découvert dont vous bénéficiez, les intérêts perçus sur l'encours moyen débiteur excédant le montant autorisé sont calculés au taux conventionnel majoré de 3 points »

> - Pour autant, dans notre exemple, elle appliquera à Alex le forfait minimum d'agios de 9 euros car le découvert journalier moyen calculé est inférieur à 400 euros comme le précise là encore la plaquette tarifaire de la banque.(cf chapitre précédent)

«découvert journalier moyen inférieur à 400€
Montant minimum forfaitaire trimestriel : minimum 9,00€..»

Soit au global 32 euros de frais pour un compte à découvert de 150 euros pendant 3 jours.

Quelle rentabilité exceptionnelle pour la banque !

Et quelle interprétation *fantaisiste* des articles 1108 et 1131 du Code civil précisent : « *... la tarification doit être proportionnée au service rendu et en rapport avec les coûts supportés par la banque* »

A l'instar du fiscaliste qui exploite les failles ou les imprécisions des textes de loi au profit de ses clients, les responsables de tarification des banques usent des mêmes mécanismes pour optimiser leurs facturations.

Et le silence du législateur est consternant !

Les banques n'ont aucun besoin d'afficher un taux bas et compétitif pour capter de nouveaux clients ou même les conserver.

Car la personne qui fait appel au découvert, le plus souvent par grande nécessité, ne se sent pas en situation de force pour négocier des conditions plus favorables pour ses agios.

Et pourtant tout est négociable.

Pour conserver un client, la banque n'hésitera à vous rétrocéder vos agios ou vous facturer un taux d'intérêt plus favorable.

N'hésitez pas à négocier avec votre conseiller qui fera le maximum pour que vous ne quittiez pas la banque.

Car il doit réaliser son contrat de développement avec des objectifs d'évolution de son portefeuille de clients et n'a aucun intérêt à laisser partir un client et sa famille même si ses revenus et son épargne sont modestes.

Il est plus compliqué pour lui de conquérir un nouveau client que d'en conserver un !

Il est une période plus favorable à la négociation : celle de la première entrée en relation, lors de l'ouverture d'un compte.
Or, il est avéré que plus de 80% des nouvelles entrées en relation des banques sont le fait de prospects en quête de prêts immobilier à taux bas.

Il s'agit d'une opportunité pour la banque de compenser son taux d'attrition.

Pour attirer cette nouvelle clientèle elle se positionne volontiers via des conditions de taux attractives -voire excellentes-pour les prêts immobiliers lorsque le dossier du client est de qualité.

Si la souscription d'un emprunt immobilier est un moment consacré d'âpres négociations et la porte d'entrée pour une nouvelle relation globale, il est au contraire peu fréquent pour un client de négocier l'ouverture d'un compte sur la base des seules conditions de découvert.

Par conséquent, pour l'emprunteur immobilier qui s'engage dans un changement de banque avec domiciliation de son salaire, la négociation ne doit pas se restreindre au taux du crédit et de l'assurance !

Il a toutes les cartes en main pour profiter de cette négociation et discuter de l'ensemble des frais bancaires.
Car il n'aura pas avant longtemps une meilleure opportunité.

Les Frais d'incidents : commission d'intervention, frais de rejet et lettre d'information préalable pour chèque sans provision

Lorsque des opérations se présentent sur un compte insuffisamment provisionné, un ensemble de frais dits « frais d'incidents » seront appliqués.

Voici ce que l'on trouve dans le dépliant tarifaire des banques au chapitre : « **IRREGULARITES ET INCIDENTS** »

Commission d'intervention

– par opération   : 8,00 €
   Avec un plafond de 80 € par mois

La commission d'intervention correspond à la somme perçue par la Banque en raison d'une opération entraînant une irrégularité de fonctionnement du compte nécessitant un traitement particulier.
Sur l'extrait de compte, le libellé utilisé est : COMMISSION INTERVENTION.

Incidents de paiement

Les incidents liés aux chèques

Forfait de frais par chèque rejeté pour défaut de provision

– inférieur ou égal à 50 € (par chèque) : 22,00 €*
– supérieur à 50 € (par chèque) : 42,00 € *

Le forfait de frais de rejet d'un chèque comprend : la lettre d'information préalable au rejet (lettre Murcef), les frais de rejet, l'envoi de la lettre d'injonction, la déclaration à la Banque de France, la délivrance d'un certificat de non-paiement, le blocage de la provision pour la régularisation et la demande de mainlevée d'interdiction bancaire. (Sur l'extrait de compte, le libellé utilisé est : FRAIS CHEQUE REJETÉ)

Frais de lettre d'information préalable pour chèque sans provision : 14,00 €

Les incidents liés aux autres moyens de paiement

Frais de rejet de prélèvement pour défaut de provision
– inférieur à 20 € : Montant de l'opération
– supérieur ou égal à 20 € : 12,00 € *

Frais de rejet d'un virement, d'un TIP SEPA ou d'un télé-règlement pour défaut de provision
– inférieur à 20 € : Montant de l'opération
– supérieur ou égal à 20 € : 12,00 € *

Ces montants forfaitaires comprennent : les frais de rejet, la notification du refus d'exécution de l'ordre de paiement. (Sur l'extrait de compte, le libellé utilisé est : FRAIS PRELEVEMENT IMPAYÉ)

*Ces frais n'intègrent pas la commission d'intervention. Elle sera facturée séparément.

La Commission d'Intervention

Pour les opérations dites « écartées » (se présentant sur un compte insuffisamment provisionné), le paiement de la commission d'intervention ne préjuge pas du sort qui sera réservé à l'opération : son paiement ou son rejet.

L'article D312-1-1 du Code Monétaire et Financier de mars 2014 donne la définition suivante :

La commission d'intervention est« **la somme perçue par la banque en raison d'une opération entraînant une irrégularité de fonctionnement nécessitant un traitement particulier** »

Cette définition de la commission d'intervention reportée par les banques dans leur dépliant tarifaire n'est pas un modèle de clarté car rien n'indique précisément ce qu'est *« une opération qui génère une irrégularité de fonctionnement ».*

Cette définition obscure est la conséquence d'un enchainement de faits et d'implications financières telles, qu'il apparait nécessaire d'éclairer le lecteur.

Si on se réfère au passé, en consultant les dépliants tarifaires des banques dans les années 2000 à 2006, nous trouvions 2 facturations distinctes :

« -Paiement d'une opération au débit du compte malgré une insuffisance de provision ou frais de forçage.
Rejet d'une opération pour insuffisance de provision »

A cette époque, le libellé de ces frais était somme toute plus explicite !

Mais alors pourquoi la définition de ces frais est-elle devenue si opaque ?

Faisons un rapide retour dans le temps pour présenter très sommairement les grandes lignes d'une bataille juridique à l'origine de ces transformations :

Dans le cadre d'un litige, un client contestait à sa banque, les frais « de forçage » qui étaient alors en vigueur lorsque la banque acceptait de payer une opération sur un compte présentant une insuffisance de provision.

Le client estimait que ces frais auraient dû être intégrés au calcul du TAEG de son découvert ce qui aurait permis de plafonner le coût de ce découvert au taux de l'usure et par conséquent de payer beaucoup moins de frais que ceux qui lui avaient été facturés.

Le 8 septembre 2006, la Cour d'Appel de Rennes a statué en faveur de la banque en considérant que ces frais de forçage ne devaient pas être intégrés à l'assiette du Taux Effectif Global :

« ... ces frais sont distincts de l'opération de crédit proprement dite que constitue le découvert et constituent la rémunération d'un service offert par la banque pour permettre d'honorer une transaction, ...»

Et le client mécontent de la décision, s'est pourvu en Cassation.

Vent de panique au sein des Etablissements bancaires car si la Cour de Cassation devait se prononcer pour l'intégration desdits frais de « forçage » dans le calcul du TAEG du découvert, la conséquence serait désastreuse pour leur PNB.

En effet, l'intégration de ces frais ferait « exploser » le plafond du TAEG du découvert qui devrait être de fait, ensuite écrêté au taux d'usure imposé par la Banque de France.

Une perte en milliards pour l'ensemble des banques !

Dès lors, elles se sont lancées dans une course de fond avant que la Cour de Cassation ne se prononce, pour trouver « LA » parade qui légitimerait cette facturation, de telle sorte qu'elle ne soit pas intégrable au TAEG.

C'est la raison pour laquelle en janvier 2008, la plupart des banques ont fait disparaître la facturation de « forçage » de leur dépliant tarifaire en donnant naissance à la « commission d'intervention » (dont la définition définitive ne sera publiée que le 27 mars 2014 dans l'article D312-1-1 du Code Monétaire et Financier).

La décision de la Cour de Cassation est rendue dans son arrêt du 5 février 2008 : elle casse et annule la décision de la Cour d'Appel de Rennes du 6 septembre 2006, considérant que le paiement par forçage d'une opération sur un compte sans provision, accentuait le découvert du compte et pouvait donc être considéré comme un crédit supplémentaire accordé au client.

De fait, la Cour statue que ces frais étaient liés à ce crédit complémentaire « accordé ».

La décision implique que ces frais de « forçage » devraient désormais être intégrés au calcul du Taux Effectif Global du découvert (TAEG).

La décision tant appréhendée par les banques devient réalité.

Mais, de fait, entre temps, les frais de « forçage » ont disparu des plaquettes tarifaires de janvier 2008, soit un mois avant la décision de la Cour de Cassation !

Ainsi, l'arrêt de la Cour de Cassation ne trouve plus à s'appliquer.

Et on peut lire au 1er janvier 2008 dans les dépliants tarifaires :

Pour le forfait de rejet chèque :« *le forfait de rejet d'un chèque comprend : la lettre d'information préalable au rejet (lettre Murcef),* **la commission d'intervention,** *les frais de rejet, l'envoi de la lettre d'injonction, la déclaration à la banque de France, …* »

Pour le forfait de rejet d'un prélèvement :« *Ce montant forfaitaire comprend : la* **commission d'intervention,** *les frais de rejet, la notification du refus d'exécution de l'ordre de paiement …* »

Par ce savant tour de prestidigitation, les banques ont pu démontrer que cette nouvelle facturation ne pouvait être comprise dans le TAEG du découvert au motif qu'elle s'appliquait désormais indifféremment au paiement ou au rejet d'une opération se présentant sur un compte en insuffisance de provision.

La légitimité du lien entre commission et extension du découvert consenti par la banque, disparut de la sorte.

Sur la base d'un autre différend, la Cour de Cassation s'est prononcée une nouvelle fois le 8 juillet 2014, au profit des banques en indiquant que la commission d'intervention rémunère l'examen de la situation du client et son compte, avant la décision de paiement ou de rejet de l'opération concernée et sans être dépendant du crédit pouvant être consenti.

Cour de Cassation : Audience du mardi 8 juillet 2014 N° pourvoi : 13-20147

« la cour d'appel a exactement retenu que cette commission était indépendante du crédit consenti et devait être exclue du calcul du taux effectif global appliqué au découvert en compte »

Les frais de forçage posaient problème ! Qu'à cela ne tienne !

On modifie les libellés et les définitions et au final, rien ne change.

Le client est toujours facturé des frais lors du paiement d'une opération se présentant sur un compte sans provision, que la terminologie de ces frais soit « frais de forçage » ou « commission d'intervention ».

Pour les frais de rejets, la banque perçoit désormais également une commission d'intervention et ce, en plus de frais de rejets préexistants.

Mais là encore rien ne change réellement pour le client qui continue toujours à être facturé du même montant qu'en 2006 mais prélevé en 2 écritures différentes.

Ainsi, avant 2008 pour un chèque de 100 euros rejeté par la banque pour défaut de provision, le client était facturé 50 euros en une seule écriture.

Depuis, il est facturé de 8 euros de commission d'intervention auxquels s'ajoutent 42 euros pour le rejet, soit une même facturation de 50 euros.

Une longue bataille dont le consommateur reste au final le grand perdant car pour la profession bancaire, il était hors de question de perdre cette manne financière !

Il fallait à tout prix trouver une parade, et ce fut fait à la grande satisfaction des banques qui ont su assurer la sauvegarde de leur PNB....

Le législateur observe-t-il dans l'indifférence ?

Mais analysons les termes de cette commission d'intervention :

Comment la banque définit-t-elle les opérations qui entrainent une irrégularité de fonctionnement du compte ? Quelles sont les opérations concernées ?

Pour définir les opérations concernées par cette facturation, les banques ont étudié avec minutie tous les textes publiés qui définissent la commission d'intervention.

«La somme perçue par la banque en raison d'une opération entraînant une irrégularité de fonctionnement nécessitant un traitement particulier »

Il semble qu'elles aient effectué une analyse sémantique et interprété les imprécisions des textes.

La Banque considère que la commission d'intervention est une facturation forfaitaire perçue *par* opération entrainant un découvert hors autorisation.

Cette opération, pour être payée, nécessite une décision justifiée au motif que l'opération concernée n'entre pas dans le cadre d'un fonctionnement normal du compte.

Elle considère donc que c'est le traitement de l'opération qui est facturable et non l'opération elle-même.

Le législateur aurait pu être plus explicite dans la rédaction de ses textes et considérer que la facturation de la commission d'intervention devait s'appliquer à l'analyse du risque pour l'ensemble des opérations de la journée concernée et non par opération.

Cela aurait permis de limiter cette facturation à une seule commission d'intervention par jour, ce qui aurait été moins pénalisant pour le client.

Pour être payée ou rejetée, cette opération « nécessite un traitement particulier » dont la conséquence est une prise de décision justifiée.

Ici encore, la Banque s'appuie sur un manque de précision du texte quant à la signification du « traitement particulier ».

Aussi, elle en conclut que le « traitement particulier » ne nécessite pas forcément une intervention humaine et que le paiement automatique peut aussi être considéré comme une forme de décision.

C'est la raison pour laquelle les opérations dites irrévocables (càd qui sont obligatoirement payées) comme les retraits aux distributeurs et les paiements par carte peuvent elles aussi être facturées d'une commission d'intervention, quand bien même aucune personne humaine n'a examiné la situation du compte et accepté le paiement.

Mais peut-on valablement considérer qu'un programme informatique de gestion des opérations par cartes bancaires ou tout autre application est capable d'analyse et de discernement pour apprécier et décider de payer ou non l'opération qui a entraîné une irrégularité de fonctionnement du compte ?

La banque n'hésitera pas à répondre par l'affirmative, car tout est sujet à interprétation lorsque la réglementation est aussi imprécise.

Mais certes non !

Les programmes de nos banques ne sont pas dotés, à ce jour, d'une forme d'intelligence en capacité d'apprécier un risque qui n'est pas exclusivement lié à un problème financier du client.

Non, les banques n'ont pas encore inventé des robots qui se substitueraient totalement à l'humain.

Regardons de plus près le process de traitement des opérations par cartes bancaires qui est identique dans toutes les banques.

Lorsque le client souscrit une carte bancaire, les conditions particulières précisent très clairement que la banque lui octroie, en fonction du type de carte, « un plafond d'autorisation de retrait et de paiement ».

Cependant, la banque peut au moment de la souscription de la carte, personnaliser le plafond des retraits et/ou des paiements en fonction des revenus du client et de ses besoins.

Cette « autorisation » permet d'effectuer des retraits et des paiements dans les limites de ces plafonds et ce, sans aucun contrôle préalable du solde du compte.

Si les conditions générales de la carte précisent que le compte doit être alimenté afin de couvrir les retraits ou paiements, elles ne prévoient en aucun cas, un contrôle du solde en préalable, ni même le blocage des retraits et paiements effectués en cas d'insuffisance de provision.

Le compte bénéficiant contractuellement d'un plafond d'autorisation de retraits et paiements, sera automatiquement débité des opérations effectuées et ce, sans aucune possibilité pour la banque de les remettre en question.

C'est la raison pour laquelle les opérations par carte bancaire ne devraient jamais être facturées d'une commission d'intervention.

Il n'y a jamais d'intervention ou de traitement particulier de la banque relatif à ces paiements ou retraits.

Une seule exception à ce qui vient d'être énoncé : la carte de paiement à autorisation systématique pour laquelle à chaque retrait ou paiement, un contrôle du solde du compte est effectué pour accepter ou refuser l'opération. Ce type de carte est souvent demandé par les parents d'adolescents.

Curieusement, pour ces cartes à autorisation systématique, la validation ou le rejet de l'opération réalisée automatiquement après consultation du solde du compte, ne génère aucun frais, alors que les retraits et paiements réalisés avec les autres cartes (et entrainant un découvert hors autorisation) sont facturables de la commission d'intervention, quand bien même ces opérations sont irrévocables et qu'aucune décision manuelle ou automatique n'est intervenue.

Comment certaines banques déterminent-t-elles les opérations de la journée qui ont entraîné une irrégularité de fonctionnement du compte ? Le solde du compte est-il contrôlé à chaque opération ou en fin de journée ?

Analysons le déroulé d'une journée au cours de laquelle vous avez émis plusieurs paiements dont la conséquence a été de placer votre compte à découvert.

Il est difficile de comprendre pourquoi votre banque facture autant de commissions d'intervention que d'opérations qui se sont présentées dans la journée quand bien même le solde du compte était suffisant pour régler certaines d'entre-elles.

Soulignons que dans les faits, les opérations se présentant sur un compte ne sont pas validées et comptabilisées par votre conseiller au fil de l'eau en fonction d'un solde évoluant éventuellement dans la journée, d'une situation créditrice à débitrice ou inversement.

Elles sont considérées « en attente de paiement ».

Le solde de votre compte est tout simplement calculé en fin de journée en intégrant toutes les opérations qui se sont présentées.

Ainsi, ces banques estiment que si le compte présente en fin de journée une insuffisance de provision, toutes les opérations sont réputées avoir participé à l'irrégularité de fonctionnement du compte et de ce fait, elles deviennent chacune, redevables d'une commission d'intervention.

Elles sont en outre, susceptibles individuellement d'être payées ou rejetées le lendemain par votre conseiller : cette tâche est la justification de la commission d'intervention.

Comme évoqué lors de la présentation du métier du conseiller, ce dernier intègrera un certain nombre d'éléments avant de décider de payer ou rejeter une opération.

Ainsi, il évitera dans la mesure du possible de rejeter un chèque ou un prélèvement fiscal compte tenu des lourdes conséquences pour le client. Il décidera très certainement de tout payer s'il considère que vous avez la capacité à régulariser rapidement.

N'hésitez pas à contacter votre conseiller si vous savez que votre compte risque d'être à découvert car il appréciera votre démarche et en tiendra compte dans sa décision.

Pour quels motifs les banques s'obstinent-elles à facturer des commissions d'interventions sur les cartes bancaires ?

Plus de 40% du PNB de la commission d'intervention est généré par les opérations effectuées par cartes bancaires sur des comptes insuffisamment provisionnés.

Si on considère que ce sont des centaines de millions d'euros qui sont en jeu sur cette seule commission, il est aisé de comprendre pourquoi les banques s'obstinent à conserver le plus longtemps possible leurs pratiques actuelles.

Pour optimiser plus encore le PNB de la commission d'intervention généré par les paiements par cartes bancaires à débit différé, certaines banques facturent –ou ont facturé- autant de commissions d'interventions que de paiements réalisés dans le mois via cette carte.

Et pourtant, seul le montant global des opérations est imputé sur le compte et déclenche éventuellement l'insuffisance de provision ! Aucun des paiements du mois considéré n'a fait l'objet au fil de l'eau, d'une quelconque décision liée à la situation du compte.

Une pratique plus que « limite » abandonnée depuis peu par certaines banques, mais qu'en est-il pour les autres ?

Cette pratique tarifaire opaque, cristallise le mécontentement des clients qui fustigent les banques mettant en cause leur probité et gangrène la relation client/fournisseur.

Une responsabilité évidente du législateur qui n'a pas anticipé les conséquences d'un texte réglementaire abscons laissant aux banques un trop large champ de possibles en matière d'interprétation et de facturation, parfois au-delà du raisonnable.

L'Autorité de Contrôle Prudentiel et de Résolution (ACPR) aurait émis un avis sur la facturation de la commission d'intervention pour les opérations qui ne peuvent faire l'objet individuellement d'une décision de paiement ou de rejet :

« **Les commissions d'interventions doivent être en toute circonstances causées par un examen particulier du compte en vue de procéder au cas par cas à un choix entre le paiement de l'opération irrégulière ou son rejet.** »

Ce qui n'est jamais le cas pour les opérations considérées comme irrévocables (tels les retraits et paiements par carte bancaire, les achats en bourse...) effectuées sur un compte insuffisamment provisionné ou au-delà du découvert autorisé.

Mais cette recommandation nécessiterait une décision du législateur pour devenir réalité !

Le sujet est épineux au regard des enjeux financiers et des pertes de profits que les banques pourraient subir et certainement compenser par des réductions importantes de personnels.
L'Etat, consécutivement, serait également perdant tant au niveau de ses recettes fiscales que par l'accroissement significatif des demandeurs d'emplois.

La dichotomie entre moralité et intérêts financiers reste une constante mais on ne pourra guère faire l'économie d'une concertation entre les banques, l'Etat et les Associations de consommateurs pour tenter de trouver une sortie équitable à une situation toujours plus dégradée entre les clients et leurs banques.

Une avancée significative pour le consommateur a néanmoins été actée en 2014 : le plafonnement des commissions d'intervention pour les particuliers.

Pour contraindre les banques à contenir leurs frais, un décret relatif au plafonnement des commissions d'interventions a été publié suite à un rapport du ministre de l'économie et des finances.

L'article R 312-4-1 du CMF publié dans le décret du 19 octobre 2013, entré en vigueur le 1er janvier 2014, plafonne la commission d'intervention à 8 euros par opération et 80 euros par mois et par compte bancaire.

Ainsi, seules les dix premières opérations écartées, qu'elles soient payées ou rejetées, supporteront la commission d'intervention.

Dans le chapitre dédié à la clientèle en situation de fragilité et équipée de l'offre réglementée OCF (Offre Clientèle Fragile), nous constaterons que l'article R 312-4-2 du CMF a réduit ce plafonnement à 4 euros par opération et 20 euros par mois.

Les banques ont modifié leur plaquette tarifaire à compter de 2015, ainsi la commission d'intervention est dissociée des frais de rejet de chèques ou avis de prélèvement.

Chaque écriture rejetée est désormais facturée d'une commission d'intervention à laquelle s'ajoutent des frais de rejet.

Cette dissociation a permis d'isoler la commission d'intervention, seul élément contraint réglementairement au plafonnement mensuel.

En revanche, il n'existe pas de plafonnement mensuel pour les frais de rejets d'opérations.

Quant aux banques en ligne, elles affichent pour la plupart la gratuité de la commission d'intervention ce qui peut paraître intéressant mais leurs frais de rejet de chèque ou prélèvement sont souvent plus onéreux que ceux des banques traditionnelles.

Curieusement, la différence correspond au tarif d'une commission d'intervention de 8 euros ...

Ce faisant, elles ne sont pas contraintes au plafonnement qui s'applique uniquement sur la commission d'intervention et cette présentation leur permet de gagner en facturation !

Une petite digression pour préciser qu'à ce jour, aucune réglementation n'a en revanche, plafonné la commission d'intervention pour les artisans, commerçants et autres professionnels.

Les pertes financières induites par le plafonnement de la commission d'intervention a conduit certaines banques à explorer de nouvelles pistes de facturation.

C'est ce que nous allons vérifier dans les prochains chapitres.

Les frais de rejet d'opérations et la lettre d'information préalable pour chèque sans provision

L'article D312-1-1 du Code Monétaire et Financier de mars 2014 donne les définitions suivantes :

Pour les chèques :

« Forfait de frais par chèque rejeté pour défaut de provision

Le compte est débité des frais forfaitaires perçus par la banque pour un rejet de chèque pour défaut ou insuffisance de provision »

Pour les prélèvements :

« Frais de rejet de prélèvement pour défaut de provision :

Le compte est débité des frais perçus par la banque quand le solde disponible du compte est insuffisant pour régler le montant du prélèvement présenté au paiement par le créancier et que l'opération est rejetée »

« Frais de lettre d'information préalable pour chèque sans provision :

Le compte est débité des frais perçus par la banque quand elle informe le client, par lettre, qu'il a émis un chèque sans provision »

Les chèques sans provision :

Depuis la loi Murcef du 11 décembre 2001, en préalable au rejet d'un chèque qui ne peut être honoré car le solde de votre compte est insuffisant (ou en dépassement d'autorisation de découvert), la banque est dans l'obligation de vous informer par courrier.

Ce courrier vous signale que vous avez quelques jours pour régulariser cette situation et précise également les conséquences d'une absence de régularisation dans le délai imparti.

Votre conseiller mettra donc en attente cette opération, le temps que vous alimentiez votre compte. Ensuite, l'opération concernée devra impérativement être payée ou rejetée.
Le tarif de ce courrier doit être mentionné dans les plaquettes tarifaires des banques sous la dénomination : « **Frais de lettre d'information préalable pour chèque sans provision** ».

Si vous parvenez à alimenter votre compte dans les temps, la banque paiera le chèque.
Vous supporterez alors la facturation de la *lettre d'information préalable* dont le coût moyen est de 14 euros et serez facturé d'une commission d'intervention par chèque payé (dans la limite des plafonds qui ont été exposés) et bien entendu comme évoqué précédemment des agios.

Dans le cas contraire, votre chèque sera rejeté.

La banque vous facturera alors les frais de rejet : 22 euros si le montant du chèque est inférieur ou égal à 50 euros ou 42 euros si le chèque est d'un montant supérieur.

Vous ne serez pas facturé de la « lettre d'information préalable » qui est intégrée aux frais de rejets comme le précisent les plaquettes tarifaires des banques.
En revanche, la facturation de la commission d'intervention s'appliquera également (avec le double plafonnement).

Votre banque signalera ce rejet à la Banque de France et vous adressera une lettre d'injonction d'interdiction bancaire vous demandant la restitution des chèques en votre possession.

Cette obligation d'information relative aux chèques sans provision (Loi Murcef) a inspiré depuis peu certains Etablissements à l'affût de nouvelles sources de revenus.

Se basant sur l'obligation légale d'une information préalable lors d'émission de chèques sans provision, certains Etablissements ont décidé d'appliquer cette méthode aux prélèvements et aux virements se présentant sur un compte insuffisamment provisionné ou au-delà de l'autorisation de découvert.

Cet élargissement spontané d'une obligation légale n'est pas le reflet de la mansuétude de la banque à l'égard de ses clients.

La lettre d'information préalable pour les chèques sans provision, facturée en moyenne 14euros génère chaque année plusieurs dizaines de millions d'euros de PNB à la banque.
En dupliquant le process aux prélèvements et autres virements, certaines banques ont multiplié à minima par 2, le PNB ainsi généré par ces courriers (facturés entre 6 et 13 euros selon les Etablissements concernés)

Ainsi, sur le modèle du process des chèques émis sans provision, la décision de payer ou rejeter un prélèvement est mise en suspens dans l'attente du réapprovisionnement du compte par le client.

Cette mise en suspens ne peut néanmoins excéder 5 jours conformément à la réglementation.

Mais les banques concernées peinent à informer aussi rapidement leurs clients : la lettre d'information doit être reçue par le client dans les 3 jours afin qu'ils disposent ensuite d'au moins 2 jours pour alimenter leur compte.
Les délais d'édition des lettres auxquels s'ajoutent les délais postaux sont tels, que bien souvent le client est informé trop tardivement et même fréquemment après que l'opération ait été payée ou rejetée.

Dans un souci de plus grande réactivité, les banques auraient pu remplacer cette lettre par un courriel ou *sms*, mais il n'en est rien et le principal frein n'est pas technique !
Automatiser les envois de courriels ou *sms* ne représente aucune difficulté pour les banques.

Mais dans ce cas, comment justifier une facturation de 13 euros pour l'envoi d'un *sms* au regard de la loi qui impose que la facturation soit proportionnée aux coûts supportés ?

Si votre banque vous facture des frais de lettre d'information préalable pour des prélèvements, TIP ou virements sans provision, il est possible dans certains cas, de contester cette facturation.

Lorsqu'un avis de prélèvement se présente sur votre compte ayant une insuffisance de provision, votre conseiller va le mettre en attente de décision (Jour J).

Il réexaminera la possibilité de payer ce prélèvement le lendemain (J+1) et les jours suivants si besoin en fonction du solde du compte.

Le courrier qui vous est adressé automatiquement est au mieux édité à J+1 de la décision de la mise « au frigo » de l'opération. Dans la pratique c'est même très souvent à J+2.
Mais il arrive très fréquemment que votre conseiller n'attende pas le dernier moment pour décider de payer ou rejeter votre prélèvement.
Bien souvent en fonction des opérations qui se présentent à J+1, votre conseiller décide de payer ou rejeter le prélèvement qui a été mis en attente la veille... alors que le courrier qui vous annonce sa mise en suspens n'est pas encore parti !

Vous recevez ainsi à J+4 ou 5, un courrier -facturé entre 6 et 13 euros-, vous annonçant la mise en suspens d'une ou plusieurs opérations et vous alertant sur la nécessité d'alimenter votre compte au plus tôt.
Et ce, pour un prélèvement qui a certainement été déjà payé ou rejeté avant même que le courrier soit édité.

Certes peu de Banques ont adopté ces pratiques mais la veille active qu'elles réalisent sur les « bonnes » pratiques de leurs consœurs pourrait rapidement en inspirer d'autres !

Il est conseillé de vérifier l'éventuelle mise en place de cette pratique dans le dépliant tarifaire de votre banque à la rubrique :

INCIDENTS DE PAIEMENT
Frais de lettre d'information préalable pour chèque sans provision: 14,00€
Frais de lettre d'information préalable pour prélèvement, TIP ou virement sans provision : 13,00 €

Mais comment ces quelques banques ont-elles eu l'idée de mettre en place et facturer une lettre d'information préalable pour les prélèvements et les virements qui se présentent sur un compte sans provision en copiant le modèle de la lettre d'information préalable pour chèque sans provision ?

Pour comprendre la motivation de ces banques, nous avons pour certaines, comparé leurs dépliants tarifaires 2015 à ceux de 2016 et 2017.

En 2015, regardons avec 3 exemples ce qui était inscrit au chapitre « incidents de paiement » :

« Frais de représentation d'un virement, d'un prélèvement, d'un TIP pour défaut de provision facturé 8,70 € »

ou

« Mise en attente d'un paiement ou représentation d'un moyen de paiement (plafonnée à 5 opérations par jour) : 21,90€ »

ou

« Représentation d'un moyen de paiement :
- ➢ *Chèque   : 22€*
- ➢ *Prélèvement, TIP : 11€*
- ➢ *Echéance de prêt : 11€ »*

Ces frais de « re-présentation » appliqués jusqu'en 2015 rémunéraient le délai accordé par la banque à son client pour qu'il approvisionne son compte afin que le prélèvement ou le virement soit honoré.

Sur 2016, nous constatons que ces frais de « re-présentation » ont disparu du dépliant tarifaire de ces banques et dès 2017, il est indiqué dans le même chapitre : Incidents de paiement :

« Frais de lettre d'information préalable pour prélèvement, TIPSEPA ou virement sans provision à la présentation facturé 9 €

Pourquoi une telle modification ?

Les banques qui pratiquaient ces « frais de re-présentation » les ont abandonnés très probablement sous la contrainte de leurs juristes qui estimaient que la responsabilité de la banque pouvait être engagée en cas de réclamations sur le principe des Articles 1108 et 1131 du Code civil, qui précise qu'« *...un même service ne peut être facturé qu'une seule fois ce qui interdit de percevoir plusieurs facturations pour la même cause et quelles que soient leurs modalités de perception et leur intitulé* »

Il pourrait être mis en évidence que ces frais de « re-présentation »faisaient doublon avec la facturation de la commission d'intervention laquelle rémunère déjà le traitement particulier lié à une irrégularité de fonctionnement.

L'étude d'une opération entrainant une irrégularité de fonctionnement ne peut être facturée deux fois : une première fois lors d'une mise en attente de décision et une seconde fois lors de la décision de la payer ou la rejeter.

Pour ces banques et pendant de très nombreuses années, cela a représenté un confortable surcroît de PNB et elles n'ont manifestement jamais été inquiétées et sanctionnées pour ces pratiques !

Renoncer à cette facturation fructueuse sur la base du principe de précaution certes, mais il fallait trouver une ressource de substitution.

Réflexions et concertations ont semble-t-il abouti à l'émergence d'une nouvelle tarification et c'est ainsi que les frais « de représentation » se sont mués en « frais de lettre d'information ».

Cette nouvelle facturation ne rémunère plus l'étude et la décision liées à la représentation ou la mise en attente d'une opération se présentant sur un compte sans provision (lesquelles sont déjà couvertes par la commission d'intervention), mais un service distinct matérialisé par l'envoi d'une simple lettre au client.

Cela s'est traduit par la parution dans le dépliant tarifaire 2017 d'une nouvelle typologie de frais :

« frais de lettre d'information préalable pour prélèvement, TIPSEPA ou virement sans provision à la présentation facturé 9 €

Laquelle ressemble à s'y méprendre à celle qui était pratiquée jusqu'en 2015 et supprimée en 2016 :

« frais de représentation d'un virement, d'un prélèvement, d'un TIP pour défaut de provision facturé 8,70 € »

Mais la nouvelle facturation ne présente pas le même risque juridique !

Une démonstration supplémentaire de la manière dont les banques exploitent les imprécisions des textes réglementaires et opèrent pour préserver et optimiser leur PNB.

Ces pratiques s'exercent au détriment des clients des banques et particulièrement de la clientèle la plus fragile, une clientèle captive qui le plus souvent hésite à changer de banque de crainte que la nouvelle n'accepte pas de payer leurs opérations, dégradant plus encore leur situation financière.

Pour les mêmes motifs, sans vraiment toujours comprendre la justification de ces facturations ni identifier les opérations spécifiques à l'origine de cette cascade de frais « sanctions », ils subissent ces prélèvements sans mot dire.

Dans le dédale des pratiques de facturations dont le poids financier n'a d'égal que leur opacité, les situations de fin de mois de nombreuses familles est très difficile.

C'est pourquoi la Loi Moscovici a tenté d'apporter une solution en imposant aux banques d'informer leurs clients sur les frais qui vont leur être facturés et ce, préalablement à leur prélèvement.

La Loi 2013672 du 26 juillet 2013, publiée au Journal Officiel du 27 juillet 2013 et le décret 2014-739 du 30 juin 2014 précisent qu'à compter du 1er janvier 2016, les frais bancaires liés aux irrégularités de fonctionnement d'un compte bancaire doivent faire l'objet d'une information préalable gratuite au client.

Lesdits frais doivent être mentionnés sur le relevé de compte mensuel du client en précisant qu'ils seront prélevés après un délai minimal de 14 jours.

Avant cette loi, les frais bancaires étaient débités en concomitance des opérations auxquels ils se rapportaient.

Le législateur par cette nouvelle disposition, impose un sursis au prélèvement des frais par les banques qui doivent décaler l'imputation des frais suivants : la lettre d'information préalable pour chèque sans provision, la lettre d'information pour compte débiteur non autorisé, la commission d'intervention, les frais de rejets, les frais de saisie-attribution, frais d'opposition à tiers détenteur.

Ce délai permet ainsi aux clients des banques de mesurer l'importance de ces frais, d'avoir matériellement le temps de rencontrer leur conseiller et trouver une solution plus adaptée à leur situation voire négocier une rétrocession partielle ou totale de ces frais mais surtout d'alimenter leur compte en conséquence.

On peut néanmoins s'interroger sur la raison pour laquelle cette mesure d'information préalable n'a pas été étendue réglementairement à l'ensemble des frais bancaires.

Tout aussi favorable qu'il soit, ce décalage d'imputation comptable des frais est cependant source de confusion pour identifier l'origine des opérations concernées. C'est ainsi qu'une opération du 2 janvier sanctionnée par une commission d'intervention sera présentée en information préalable sur l'extrait de compte de fin janvier, imputée le 14 février sur le compte et mentionnée sur le relevé mensuel fin février.

Ce qui est facile à repérer lorsqu'il n'y a qu'une seule facturation devient rapidement un imbroglio quand les frais se succèdent.

Mais quand les tensions de trésorerie sont récurrentes et impliquent trop souvent des dépassements de découverts et des rejets de paiement, votre conseiller évoquera certainement avec vous l'offre réglementée.

Cette offre spécifique créée en 2005 sous l'appellation « Gamme de paiement alternatif aux chèques ou GPA* » concrétisait l'engagement pris par les banques auprès du CCSF (Conseil Consultatif du Secteur Financier) de commercialiser un forfait à prix réduit pour les clients en situation de fragilité et plus particulièrement en situation d'interdiction bancaire.

Cette offre GPA a évolué en 2015 en « Offre d'Accompagnement de la Clientèle en situation de Fragilité ou OCF » qui plafonne un certain nombre de frais. (Code Monétaire et Financier, article R.312-4-1)

Examinons ensemble ce dont il s'agit.

Richard Claude

Offre d'accompagnement de la clientèle en situation de fragilité (OCF)

L'Arrêté du 5 novembre 2015 et l'article L 312-1-1A avec effet 12 mois après sa publication, impose la charte d'inclusion bancaire et de prévention du surendettement rédigée par l'Association Française des Etablissements de Crédit et des Entreprises d'Investissement (communément appelée la charte AFECEI)

Ainsi, depuis novembre 2015 et conformément à la loi, les banques ont l'obligation de mettre en place un système de détection précoce de leurs clients en situation de fragilité financière afin de leur proposer une offre d'accompagnement réglementée dont le contenu est obligatoirement détaillé dans leurs plaquettes tarifaires.

De plus, les banques se sont engagées à former leur personnel sur les modalités d'application de cette charte mais aussi et surtout sur l'accompagnement d'une clientèle fragile qui nécessite beaucoup d'attention.

Pour apprécier la situation de fragilité financière du client, certaines banques examinent plusieurs critères qui déterminent un « score » de détection et d'indication du degré de fragilité.

Les variables utilisées par ces banques pour calculer ce score tiennent compte notamment de l'existence d'un découvert, de la présence d'irrégularités de fonctionnement du compte ou d'incidents de paiement dont la récurrence peut être constatée sur plusieurs mois consécutifs, de l'utilisation d'un crédit renouvelable mais également des avoirs et des crédits du client et de sa situation immobilière (propriétaire ou locataire de son logement).

Les données qualitatives et quantitatives renseignent un calculateur, qui traduit scientifiquement via un score, le niveau d'exposition au risque de dégradation de la situation financière du client.

A compter d'un certain niveau de score, la situation exige une intervention du conseiller bancaire pour inciter le client à prendre des mesures.

Les banques prennent bien entendu également en considération la situation des clients qui sont déjà en grande difficulté financière : qu'il s'agisse de situations d'interdiction bancaire ou de surendettement.

La combinaison de dispositifs d'alertes et de connaissance du client a pour objectif de prévenir la dégradation en apportant des réponses adaptées à la situation avant qu'elle ne s'aggrave irrémédiablement et mène au surendettement.

Chaque mois des milliers de clients ainsi ciblés par leurs banques, reçoivent des courriers les invitant à rencontrer leur conseiller pour faire un point sur leur situation et ajuster le cas échéant leur découvert à un niveau raisonnable eu égard à leurs ressources.

Leurs conseillers leur présentent également l'offre d'accompagnement de la clientèle en situation de fragilité(OCF)

Cette charte AFECEI complétée de l'offre d'accompagnement de la clientèle en situation de fragilité s'est substituée en 2015 au forfait réduit mis en place dix ans plus tôt sous le nom de *Gamme de Paiement Alternatif aux chèques* qui n'avait pas remporté un franc succès auprès des clients interdits bancaires et pour lequel les banques avaient été accusées de ne pas avoir « joué le jeu ».

Cette Charte AFECEI a valeur de texte réglementaire et a fait l'objet d'une homologation ministérielle.

Son application devait être mesurée et contrôlée par l'Observatoire d'Inclusion Bancaire (OIB) -créé par la loi du 26 juillet 2013- et le cas échéant, en cas de manquements, les Banques pouvaient être sanctionnées par l'ACPR (Autorité de Contrôle Prudentiel et de Résolution).

En quoi consiste cette offre OCF (Offre Clientèle Fragile) ?

C'est une offre pensée pour remettre le client dans de meilleures perspectives financières et éviter qu'il ne s'enfonce inexorablement dans l'abime du surendettement.

Selon l'article L. 312-4-3III, l'offre doit comprendre les produits et services suivants :

«

- La tenue, la fermeture et, le cas échéant, l'ouverture du compte de dépôt. (soit la gratuité des frais de tenue de compte)
- Une carte de paiement à autorisation systématique
- Le dépôt ou le retrait d'espèces dans l'agence de l'établissement teneur du compte
- Quatre virements mensuels SEPA, dont au moins un virement permanent, ainsi que des prélèvements SEPA en nombre illimité

- Deux chèques de banque par mois
- Un moyen de consultation du compte à distance ainsi que la possibilité d'effectuer à distance des opérations de gestion vers un autre compte du titulaire au sein du même établissement.
- Un système d'alertes sur le niveau de solde du compte
- La fourniture de relevés d'identités bancaires
- Un changement d'adresse une fois par an.
- Le plafonnement spécifique des commissions d'intervention prévu aux articles L.312-1-3 et R. 312-4-2 du code monétaire et financier (commission d'intervention plafonnée à 4 euros à la place de 8 euros dans la limite de 20 euros par mois

Prolongeant l'esprit de la loi bancaire du 26 juillet 2013, de nombreuses banques ont complété cette offre OCF en accordant de surcroît, une remise de 50% sur les frais de rejet soit un maximum de 6 euros par rejet avec un plafond mensuel de 30 euros.
Cependant, peu de banques l'on mentionné dans leur plaquette tarifaire.

La tarification de cette convention OCF est fixée à 3 euros par mois avec une révision tarifaire indexée sur l'indice INSEE des prix à la consommation hors tabac.
Une offre à priori intéressante au regard de son faible coût.

Concomitamment à la Loi « Pacte » 2018 qui entrera en vigueur début 2019, Bruno Le Maire a demandé aux Banques 3 engagements « volontaires » destinés à plafonner les frais bancaires de leurs clients les plus fragiles.

Le premier engagement concerne le plafonnement à 200 euros par an des seuls frais d'incidents, facturés aux personnes ayant souscrit l'offre d'accompagnement de la clientèle en situation de fragilité (OCF).

Le deuxième engagement accepté parles banques est de promouvoir l'offre OCF afin d'augmenter de 30% le nombre de leurs clients fragiles équipés de cette offre. Ce faisant, cela porterait à 490.000 le nombre de clients équipés contre 375.000 actuellement. En bémol, notons que cet engagement n'est contraint à aucun délai de réalisation.

Le 3ème engagement porte sur l'amélioration de leur système d'alertes et de prévention avec pour objectif la réduction des frais bancaires de l'ensemble des clients des banques, sans distinction aucune.

Et Bruno Le Maire de prévenir : « Si nous voyons d'ici six mois que ça ne fonctionne pas, nous prendrons d'autres mesures »

Une fois de plus, dans la négociation actuelle, les banques ont réussi à convaincre l'exécutif de limiter le plafonnement des frais bancaires à seulement 3 ou 4 commissions liées aux incidents et surtout à un très faible nombre de leurs clients, ceux exclusivement équipés de l'offre OCF.

Mais cette offre OCF est-elle réellement intéressante ?

Face au constat en demi-teinte -pour ne pas dire décevant- du nombre de personnes en situation de fragilité équipées de cette offre (OCF)dans l'ensemble des banques, la presse avait publié le résultat d'enquêtes démontrant une certaine lacune des conseillers sur le contenu de ces offres.

Les banques avaient été de facto, suspectées de freiner ostensiblement la promotion de ce dispositif.

Un raccourci facile car la réalité est plus complexe et les banques ne sont pas totalement responsables du nombre très faible de leurs clients équipés de cette offre et leurs conseillers ont été pour la plupart, bien formés.

Parmi les milliers de clients fragiles repérés par le *scoring*, les banques concentrent leur attention sur ceux dont le fonctionnement du compte est le plus préoccupant et nécessite un accompagnement personnalisé.

Une tâche ardue pour les conseillers de clientèle !

Mettons en scène Bernard qui a été « repéré » parce qu'il supporte des frais mensuels conséquents sans toutefois être démesurés par rapport à la réalité de beaucoup de personnes (en moyenne 5 ou 6 commissions d'intervention et 1 ou 2 frais de rejets d'opérations par mois).

Son autorisation de découvert est régulièrement dépassée et ses revenus peinent chaque mois à couvrir ses dépenses.

Pour boucler ses fins de mois, Bernard jongle entre sa carte à paiement différé (elle lui permet de consommer tout en n'étant débité qu'en fin de mois, profitant ainsi d'un «crédit gratuit d'un mois) et d'un découvert souvent dépassé qui fluctue en fonction des opérations dont le paiement a été accepté par son conseiller.

Cette situation « de fragilité »lui coûte cher en frais bancaires mais ces facilités de trésorerie lui permettent de consommer suffisamment pour vivre à peu près correctement et rembourser son crédit auto contracté quelques années auparavant.

Voici ainsi brossé, le profil-type de très nombreux clients des banques, personnes aux revenus modestes qui « vivent » de manière récurrente au-delà de leurs moyens.

Bernard répond à l'invitation de Laure, sa conseillère d'agence qui lui présente l'offre d'accompagnement dédiée aux clients fragiles (OCF).

Pour 3 euros par mois, cette offre comprend les frais de tenue de compte, une carte « basique » avec consultation systématique du solde, un nombre limité d'opérations gratuites ainsi que le plafonnement des frais de commission d'intervention, pouvant lui faire économiser plusieurs dizaines d'euros par mois.

En contrepartie de cette offre réglementée et conformément aux règles définies par le législateur, Bernard devra se résigner à résilier sa carte bancaire à débit différé (plus de paiements décalés d'un mois), rendre ses chéquiers, rembourser et résilier son découvert dans un délai assez court. Le tout complété par une interdiction de souscrire un nouveau crédit.

La difficulté pour Laure est de faire comprendre à son client l'obligation qui lui est faite de réajuster progressivement ses dépenses à ses revenus.

Elle compte ainsi le guider pour canaliser les débordements de son compte afin de le conduire à court terme à l'utiliser l'Offre OCF dont les garde-fous freineront toute velléité de dépassement.

Mais Bernard n'a guère la possibilité de réduire ses dépenses ni l'envie d'ailleurs de baisser le niveau de vie de sa famille.

Il paie certes à contre cœur des frais bancaires importants en contrepartie desquels il dispose de pseudo-revenus supplémentaires qui lui permettent, d'avancer tant bien que mal et d'éviter une chute aux conséquences potentiellement plus lourdes.

Une mission quasi impossible pour Laure qui ne dispose ni du temps nécessaire ni de la boite à outils pour aider Bernard à mieux gérer son budget tout en lui assurant un niveau de vie qu'il pourrait estimer « correct ».

Voici donc la réalité du peu de succès de cette offre : bon nombre de clients « fragiles », ciblés par leur banque ne donnent tout simplement pas suite au courrier qu'ils ont reçu, de crainte qu'on leur coupe « les vivres ».

L'offre n'est tout simplement pas adaptée au besoin des clients qui sont déjà en situation de fragilité.

Ce dont ils auraient besoin c'est d'un accompagnement social, personnalisé qui s'inscrirait dans le temps pour les aider petit à petit à rétablir leur situation financière !

Dans l'exemple qui précède, comment Bernard pourra-t-il continuer à survivre et régler tant bien que mal ses factures et autres frais s'il souscrit à l'offre que le législateur a pensée pour lui ? Il ne pourra plus jongler avec le débit différé de sa carte et son découvert pour régler ses dépenses !

Non ! L'absence de déploiement de cette offre réglementée n'est ni un défaut de connaissance de l'offre ni une insuffisance de promotion auprès du public concerné.

Il n'y a pas de mauvaise volonté des banques.

Mais alors qui souscrit cette offre OCF ?

Dans l'Etablissement dans lequel j'officiais, environ 90% des offres OCF étaient souscrites par des clients ayant déposé un dossier de surendettement à la banque de France.

Cette offre OCF est plus adaptée à cette clientèle en surendettement (le passif est rééchelonné et adapté à sa capacité de remboursement, parfois même suspendu ou partiellement gommé), prenant en quelque sorte « un nouveau départ » avec une offre bancaire cadrée pour ne pas reproduire un schéma identique.

Quelle action convient-il d'envisager pour les clients fragiles avant qu'ils ne sombrent dans le surendettement ?

Reprenons le cas de Bernard qui est dans une situation financière délicate prélude à la qualification de « situation de fragilité ». Il jongle en permanence avec sa carte, sa pseudo-autorisation de découvert et la bienveillance d'un conseiller très conciliant.

Les cas de fragilités sont multiples et changeants. Ils doivent être analysés au cas par cas en fonction de la situation propre de chaque personne.

L'analyse doit être globale et intégrer d'autres paramètres plus subjectifs, tels le comportement du client et son degré d'adhésion aux efforts nécessaires pour parvenir à une situation acceptable.

Une offre bancaire unique et dédiée aux clients fragiles n'a aucun sens car elle ne peut répondre à la variété des situations.

La fragilité est-elle due à une insuffisance de revenus ? à une mauvaise gestion du budget ? à un accident de la vie tels une perte d'emploi ou un divorce ? à un excès de frais bancaires ou des investissements hasardeux ? ou encore à une forme d'oniomanie qui se matérialise par des achats compulsifs, rien de tel pour rendre très rapidement un compte fortement débiteur ?

Or, ces clients éprouvent beaucoup de difficulté à évoquer leur situation personnelle dans ce qu'elle a de plus intime, difficulté renforcée parfois par la jeunesse de leur interlocuteur bancaire.

Par ailleurs, la psychologie n'étant prévue ni dans la définition de fonction ni dans la formation des chargés de clientèle, le rôle que ces derniers doivent endosser dépasse largement leurs aptitudes et les met bien souvent eux-mêmes dans un grand embarras.

Des organismes indépendants seraient plus adaptés pour aider en toute confidentialité le client à recouvrer une situation financière plus conforme à ses revenus et aux attendus de sa banque.

Un travail en étroite collaboration où chacun conserve sa place et son rôle.

Richard Claude

Le Droit au Compte *ou Service Bancaire de Base, s*i une banque vous refuse l'ouverture d'un compte

La banque a-t-elle le droit de refuser l'ouverture d'un compte ? Et pour quelles raisons ?

La conquête de nouveaux clients est une priorité absolue pour les banques comme cela a été précédemment développé.

Les conseillers de clientèle ont de telles difficultés à réaliser leur contrat de développement annuel (càd leurs objectifs commerciaux) en matière de conquêtes de nouveaux clients que peu d'ouvertures de comptes sont refusées.

Néanmoins, la banque a parfaitement le droit de refuser l'ouverture d'un compte et sans devoir se justifier d'une quelconque manière.

Lors de l'entrée en relation et afin d'étudier la demande d'ouverture de compte, les conseillers collectent des informations pour nourrir des applications informatiques qui analysent le niveau de risque et attribuent une note au prospect.

Cette note ou cotation qui intègre les règles relatives au ratio de solvabilité «MacDonough» est appliquée et périodiquement réactualisée pour chaque client.

Elle permet d'estimer dans le temps le niveau de risque sur la base d'une échelle précise.

Cette cotation est prise en compte lors de chaque décision concernant le client et notamment lors de l'ouverture d'un compte.

Si certaines banques expliqueront qu'être demandeur d'emploi n'est pas synonyme de refus systématique d'ouverture de compte, il n'en est pas moins vrai qu'une situation de chômage ou de difficultés financières préexistantes, d'interdiction bancaire (information à laquelle les banques ont accès) sont des critères pris en considération.

Autant d'éléments qui inciteront le conseiller à refuser l'ouverture d'un compte.

Quels recours pour contraindre une banque à ouvrir un compte ?

L'article L 312-1 du CMF (Code Monétaire et Financier) précise :

« A droit à l'ouverture d'un compte de dépôt dans l'établissement de crédit de son choix, **sous réserve d'être dépourvu d'un tel compte en France** :

-1° Toute personne physique ou morale domiciliée en France

-2°Toute personne physique résidant légalement sur le territoire d'un autre Etat membre de l'Union européenne n'agissant pas pour des besoins professionnels ainsi que toute personne physique de nationalité française résidant hors de France »

Pour bénéficier du Droit au Compte ou *Service Bancaire de Base*, la personne doit déposer à la Banque de France un dossier qui doit comprendre le formulaire dédié dument complété (à retrouver sur le site de la Banque de France à l'adresse suivante : https://www.banque-france.fr/search-es?term=formulaire+droit+au+compte)

complété des pièces suivantes :

- une photocopie d'une pièce d'identité
- Un justificatif de domicile (quittance de loyer, factures etc..)ou une attestation d'hébergement ou une attestation d'élection de domicile pour les Sans Domiciles Fixes.
- Une attestation sur l'honneur de résidence dans un pays de l'Union Européenne
- La lettre de refus d'ouverture du compte que la banque doit lui remettre.

Ce formulaire servira d'attestation sur l'honneur de non détention d'un compte bancaire comme l'exige l'Article L 312-1 du CMF.

La banque qui a refusé l'ouverture du compte ou la Caisse d'Allocation Familiale peuvent aider à la constitution de ce dossier et l'adresseront directement à la Banque de France.

Cette dernière transmettra au demandeur dans les meilleurs délais, un courrier qui contraindra l'agence bancaire choisie à procéder sous 3 jours à l'ouverture du compte à vue ainsi qu'à la mise en place du Service Bancaire de Base réglementé et **gratuit** conformément aux articles D 312-5et D 312-6 du CMF.

Ce compte réglementé comprend :

- ➤ L'ouverture, la tenue et la clôture du compte
- ➤ La délivrance de Relevés d'Identité Bancaire (RIB)
- ➤ La domiciliation de virements bancaires
- ➤ Un changement d'adresse par an
- ➤ L'envoi mensuel d'un extrait de compte
- ➤ L'encaissement de chèques et de virements
- ➤ Le paiement par prélèvements, TIP ou virements
- ➤ Le moyen de consulter à distance le solde du compte

- Les dépôts et les retraits d'espèces au guichet
- Une carte de paiement à autorisation systématique
- 2 chèques de banque par mois
- Des frais de commission d'intervention réduits à 4 euros par opération et plafonnés à 20 euros par mois.
  - Article L 312-1-3 alinéa 1 du CMF et l'article R 312-4-2 du CMF (décret 2013-931 d'octobre 2013)

Ici aussi, comme pour l'offre OCF précédemment décryptée, certaines banques ont complété le dispositif légal par une réduction des frais de rejets à 6 euros unitaire avec un plafonnement mensuel à 30 euros.

Espérons qu'en 2019, les banques appliqueront aussi à cette clientèle fragile -puisque *personae non grata*-, le plafonnement des frais d'incidents à 200 € par an, même si à ce stade, les engagements des Banques ont été cantonnés aux titulaires de l'offre OCF.

Les bénéficiaires de ce Service Bancaire de Base ne peuvent détenir ni chéquiers, ni cartes bancaires autres que la carte de paiement à autorisation systématique et à débit immédiat et encore moins une autorisation de découvert.

En dehors de ces produits « interdits », l'article D.312-5 du CMF n'interdit pas la souscription de services ou produits supplémentaires tels un livret d'épargne ou un produit d'assurance.

Si sa situation s'améliore, le client peut -avec l'accord de son conseiller- renoncer à ce droit au compte en signant le courrier réglementé l'informant qu'il ne bénéficiera plus des avantages de l'offre et notamment de sa gratuité et des frais réduits.

Voici quelques réponses aux interrogations les plus fréquentes :

Le Droit au Compte permet-il d'ouvrir un compte joint ?

Le droit au compte est individuel et nominatif. Il ne donne pas droit à l'ouverture d'un compte joint.

Les banques en Ligne proposent-elles aussi le Droit au Compte ?

En France, toutes les banques ont l'obligation de proposer ce Service Bancaire de Base. On notera cependant que plusieurs

d'entre elles ne donnent guère -voire aucune- information sur le Droit au Compte dans leur plaquette tarifaire.

La banque peut-elle interdire la souscription de produits supplémentaires en complément des produits réglementés du Droit au Compte ?

La banque peut décider de limiter les produits aux seuls Services Bancaires de Base. Elle peut néanmoins proposer aux clients ayant une bonne gestion de leur budget de renoncer au droit au compte pour souscrire les produits qu'ils souhaitent.

Les clients titulaires du Droit au Compte bénéficent-ils de la gratuité des retraits sur les distributeurs automatiques de billets des autres banques ?

Seuls les retraits effectués au guichet ou au distributeur de billets de la banque qui détient le compte sont gratuits et compris dans l'offre de Service Bancaire de Base.

Le client qui a renoncé au Droit au Compte peut-il à nouveau bénéficier de cette offre ?

Non, car le client détient déjà un compte dans une banque et le dispositif ne s'adresse qu'aux personnes qui en sont démunies.

En revanche il peut, si sa banque en est d'accord, souscrire à l'offre d'accompagnement aux clients en situation de fragilité (offre OCF).

Notons que la Banque de France propose sur son site internet, une vidéo très explicite sur le Droit au Compte :

https://particuliers.banque-france.fr/votre-banque-et-vous/droit-au-compte/le-droit-au-compte-en-video

Les frais de Saisies

La saisie est une procédure juridique qui permet à un créancier de récupérer sa créance.

La saisie peut être opérée soit auprès de l'employeur du débiteur, pour se voir attribuer une partie de son salaire avant qu'il ne lui soit versé soit auprès de sa banque sur les sommes détenues sur ses comptes.

Nous évoquerons ici uniquement les différentes saisies sur compte bancaire et plus particulièrement les frais liés appliqués par la banque.

Quelles sont les différentes saisies possibles sur votre compte bancaire?

Le CCSF (**C**omité **C**onsultatif du **S**ecteur **F**inancier) précise les caractéristiques des diverses procédures susceptibles d'une saisie sur compte bancaire :
(https://www.ccsfin.fr/information-pratiques/glossaires)

L'Avis à Tiers Détenteur ou ATD

« Procédure administrative (sous forme d'une saisie-attribution) permettant à la Direction Générale des Impôts et au Trésor Public de faire bloquer, puis de se faire attribuer une somme qui lui est due au titre des impôts».

Plus simplement, le Trésor Public peut obtenir directement de la Banque du contribuable, par prélèvement direct sur le compte de ce dernier, le paiement d'une somme correspondant à un impôt ou une taxe due mais non acquittée par ce contribuable.

La Saisie-attribution

« Procédure juridique permettant à un créancier disposant d'un titre exécutoire (décision de justice) de faire bloquer le compte bancaire du montant de la dette, puis de se faire attribuer une somme qui lui est due. »

L'Opposition Administrative

« Procédure permettant au Trésor public de faire bloquer sur le compte, puis de se faire attribuer, une somme qui lui est due au titre d'amendes pénales ou de condamnations pécuniaires (ex : contraventions). »

L'Opposition à Tiers Détenteur

« L'opposition à tiers détenteur est une procédure de recouvrement forcé dont bénéficient les collectivités territoriales ou les établissements publics locaux pour leurs créances »

Saisie Conservatoire (www.service-public.fr)

« La saisie conservatoire est une saisie à caractère provisoire portant sur les biens mobiliers d'un débiteur. Elle apporte une garantie au créancier avant que ne soit prononcé le jugement condamnant son débiteur à payer sa créance »

Le déroulé d'une opération de saisie sur compte bancaire

Dans le cas d'une des procédures de saisie décrites ci-avant et en suite du jugement du tribunal, le créancier mandate un huissier pour faire exécuter le jugement.

L'huissier de justice s'adresse directement à la banque de la personne concernée pour exiger le paiement des sommes dues.

Si le compte est débiteur, aucune saisie n'est évidemment possible.

En revanche, si le compte du client est créditeur, la somme due sera payée sous réserve de laisser sur le compte bancaire un montant minimum dénommé *le solde bancaire insaisissable* (SBI) équivalent à une mensualité du RSA (soit 550,93 euros en avril 2018), montant indispensable pour assurer les besoins alimentaires de la personne saisie.

Le CCSF(**C**omité **C**onsultatif du **S**ecteur **F**inancier) précise à ce propos :
(https://www.ccsfin.fr/information-pratiques/glossaires)

« Le Solde Bancaire insaisissable c'est une somme forfaitaire qui ne peut être saisie.

Lorsqu'un compte bancaire fait l'objet d'une saisie et qu'il présente un solde créditeur, le titulaire du compte bénéficie automatiquement d'une somme au plus égale au montant du revenu de solidarité active (RSA). Le compte est alors bloqué sauf pour cette somme laissée à sa disposition et destinée à faire face aux besoins alimentaires immédiats. »

Comment les banques facturent-elles ces opérations de saisies ?

La loi N° 2004 -1485 Article 128 du 30 décembre 2004 impose un plafonnement des frais bancaires sur les seules Oppositions Administratives. Ce plafond est égal à 10% du montant dû au Trésor Public.

En revanche, point de réglementation en matière de frais liés aux Avis à Tiers Détenteur, aux Saisies arrêts et autres oppositions.

La quasi-totalité des banques applique une facturation forfaitaire de 120 euros en moyenne par saisie.

Notons qu'un établissement bancaire a néanmoins décidé d'appliquer un prorata du montant de la saisie, 10% en l'occurrence avec un plafond à 220 euros.

Ce qui est au final moins onéreux que le forfait des autres banques pour les saisies inférieures à 1200 euros, mais pénalisant pour les saisies plus importantes.

La facturation des banques en ligne est sensiblement identique avec une fourchette de 90 à 130 euros pour les frais de saisie.

Ces frais de saisie prélevés par la banque sur le compte du client ne peuvent-eux non plus- s'imputer sur le Solde Bancaire Insaisissable (SBI).

Un garde-fou indispensable mais insuffisant car les personnes qui se retrouvent dans ce type de situation supportent bien souvent au cours d'un même mois, de nombreux frais supplémentaires tels des frais de rejets et autres commissions d'intervention et agios…

Ce faisant, elles peuvent être précipitées dans une situation de grande précarité.

Il conviendrait de légiférer pour plafonner non seulement chacune des typologies de frais de saisie, mais également la facturation globale mensuelle -tous frais confondus- qu'un client est en capacité de payer sans être entraîné plus encore vers le surendettement.

Richard Claude

Des tarifs différents entre les banques d'un même réseau et parfois entre les agences d'une même banque

Les Banques nationales pratiquent des barèmes de tarification harmonisés sur l'ensemble du territoire. Leurs tarifs ne sont ni plus ni moins avantageux, mais les clients sont traités de manière identique aux quatre coins de l'hexagone.

Cependant, les enquêtes presse pointent l'existence de pratiques tarifaires incohérentes au sein de certains réseaux bancaires, avec des barèmes de frais présentant une forte -voire très forte- disparité d'une banque à l'autre.

Ces disparités de tarifs se remarquent essentiellement dans les groupes composés de banques dites *coopératives*.
Structurées par banques régionales, chacune est indépendante donc adopte et applique une politique commerciale et tarifaire propre, sans contrainte réelle de concordance avec celles des autres banques du groupe.

Ces groupes sont embarrassés par ce délicat sujet de *coefficient de dispersion* des tarifs au sein des établissements de leur propre réseau et, si des consignes sont données en *centrale* pour réduire les écarts, l'exercice n'en demeure pas moins difficile car les différences sont parfois très significatives.
Elles sont même susceptibles de se creuser davantage car à tout moment, le dirigeant d'un établissement régional en quête d'un

PNB supplémentaire, peut augmenter un tarif sans attendre que les autres banques du groupe réajustent les leurs.

Une course perpétuelle à l'alignement des tarifs -à la hausse bien entendu-, sauf si une nouvelle réglementation vient contraindre cette politique de prix.

Encore récemment, des tarifs tout à fait disproportionnés étaient constatés au sein d'une même banque ou d'un même réseau, selon que le client relevait d'une agence de métropole ou d'un département d'outre-mer.
Suite au rapport d'Emmanuel Constans de 2014 et de l'avis du CCSF (Comité Consultatif du Secteur Financier), les banques concernées ont entamé l'harmonisation de la plupart de leurs facturations.

L'observatoire des tarifs bancaires aux particuliers pour les DOM et la collectivité de Saint Pierre et Miquelon publié par l'IEDOM (*Institut d'Emission des Départements d'Outre-mer filiale depuis 2017 de la Banque de France*), permet de comparer les tarifs des DOM avec ceux de la métropole pour 11 des principaux items de l'extrait standard des tarifs auxquels s'ajoutent les frais de rejets de chèque et de prélèvement.

Le rapport publié pour 2016-2017 pointe désormais une nette amélioration de la convergence, pour les banques d'un même groupe qu'elles soient situées dans les DOM ou en métropole, des tarifs de ces 11 items de l'extrait standard.

http://www.iedom.fr/iedom/publications/observatoire-des-tarifs-bancaires/?debut_articles=0#pagination_articles

Les banques intègrent les résultats de ces études afin d'améliorer leur notoriété et ce, dans le respect de la conformité et de leurs engagements de convergence des tarifs.

Mais ces enquêtes étant limitées à un nombre restreint d'items axés sur le grand public, les banques ont le champ libre pour se rattraper financièrement sur d'autres facturations moins visibles mais à fort potentiel de PNB.

En 2018, une banque affiche toujours sur son site, des dépliants tarifaires différents selon que ses agences se situent en métropole, en Guadeloupe, en Martinique, en Guyane, à St Barthélémy, à Saint Martin, à Mayotte ou à la Réunion !

Une lecture rapide de leurs dépliants tarifaires respectifs ne permet pas, à priori, de déceler des différences notables. Les tarifs paraissent identiques et harmonisés.
Dans ce cas, quelles motivations prévalent à la distinction de dépliants en fonction des différentes « régions » ?

Seule une lecture comparative attentive permet de relever certaines différences de tarifications d'apparence anodines mais qui sont en réalité, loin d'être négligeables notamment lorsqu'elles s'appliquent sur des sommes importantes.

C'est le cas notamment des virements à l'étranger hors de l'union Européenne (soit hors zone SEPA - *Single Euro Payments*) et le comparatif qui suit permettra d'éclairer le sujet.

Pour illustrer les impacts de ces différences de tarification, suivons Hélène et Gérald qui ont cédé leur maison pour se rapprocher de leur fils Florian installé à Charlotte dans l'Etat de Caroline du Nord aux Etats-Unis.
Hélène et Gérald souhaitent acheter dans la ville de Charlotte un pavillon pour 450.000 dollars (soit environ 367.000 euros).

Le couple demande à sa banque française d'effectuer le virement en dollars sur un compte qu'il a ouvert dans une banque aux Etats-Unis.

Comparons les différents impacts financiers de cette opération, selon que l'ordre de virement ait été donné depuis une agence bancaire de la métropole ou une agence de la même banque située en Guadeloupe ou à Mayotte.

La banque dont il s'agit a son siège social à Paris et dispose d'agences dans les DOM-TOM (Départements et Territoires d'Outre-mer).

Les tarifs indiqués sont ceux de 2018.

1ᵉʳ cas : Hélène et Gérald sont clients d'une agence parisienne

Prenons pour référence la plaquette tarifaire de cette banque intitulée *Particuliers Métropole*.

Le virement émis sur les Etats-Unis est tarifé 0,120 % du montant considéré soit environ 440 euros pour les 450.000 dollars (367000 euros) de notre exemple
Mais notre couple constate avec plaisir que la banque indique dans son dépliant tarifaire un plafonnement de cette facturation à 252 euros.

La Banque facture également une commission de change (puisque le virement s'effectue en dollars) de 0,025% sans plafonnement, soit une note d'environ 92 euros pour l'opération considérée.

Pour ce virement effectué depuis Paris, Hélène et Gérald auront réglé au global 344 euros hors frais annexes (confirmation de transfert par Swift etc..).

2ème cas : Hélène et Gérald sont clients d'une agence de Guadeloupe,

Prenons pour référence la plaquette tarifaire de cette banque intitulée *Particuliers Guadeloupe*.

Le même virement sera facturé au taux de 0,543 % soit environ 1993 euros et la commission de change à 0,50% coûtera 1835 euros.

Le dépliant tarifaire de la Guadeloupe mentionne un plafond de 7.620 euros pour la commission de change et ne prévoit aucun plafond pour les frais appliqués au virement.

En Guadeloupe le couple aurait été contraint de régler des frais exorbitants de 3828 euros hors frais annexes (confirmation de transfert par Swift etc..).

3ème cas : Hélène et Gérald sont clients d'une agence de Mayotte

A l'identique des exemples précédents, la référence sera la plaquette tarifaire de cette banque intitulée *Particuliers Mayotte*.

Le virement est ici facturé au taux 0,100% soit environ 367 euros dans la limite d'un plafond de 210 euros.
La commission de change à 0,025% revient à 92 euros.

A Mayotte, Hélène et Gérald auraient réglé au global 302 euros hors frais annexes (confirmation de transfert par Swift etc..).

Par ailleurs, si Hélène et Gérald avaient demandé que le virement soit effectué via le compte de leur SCI(Société Civile Immobilière), cette dernière étant une société relevant de la clientèle dite *professionnelle*, la facturation aurait été celle de la plaquette tarifaire des professionnels.

Ce cas, plus avantageux, aurait permis au couple d'économiser 42 euros dans l'agence parisienne, 1626 euros dans l'agence de Pointe à Pitre en Guadeloupe et sans modification dans l'agence de Mamoudzou à Mayotte !

Des différences tarifaires inexplicables entre départements français.

Comment la banque justifie-t-elle de tels écarts de tarifs ?

Sur quels fondements les opérations réalisées en Guadeloupe sont-elles plus fortement tarifées que celles de métropole ou même de Mayotte qui est également un DOM ?

Pourquoi pour une même opération, les clients particuliers sont-ils plus facturés que les clients professionnels ?

Comment cette facturation peut-elle être « proportionnée au service rendu en rapport aux coûts supportés par la banque » comme le prévoit l'article du Code Civil ?

Serait-ce une erreur dans les dépliants tarifaires ?

Les dépliants tarifaires des banques sont établis et relus par les financiers et les juristes et rien n'est jamais dû au hasard quand il s'agit de générer du PNB.

Cet exemple permet de rappeler que ces frais de virement à l'étranger peuvent être soit totalement à la charge de l'émetteur (Code : OUR-notre charge-), soit à la charge du bénéficiaire (Code : BEN de Beneficiary), soit partagés entre l'émetteur et le bénéficiaire (Code : SHA de Shared – frais partagés).

Il est nécessaire de préciser à votre conseiller la répartition souhaitée des frais.

Le partage des frais entre l'émetteur et le bénéficiaire étant le plus utilisé, c'est celui que nous avons retenu dans nos exemples.

Les différences de tarif des banques peuvent également être un des critères de choix
Il ne faut pas hésiter à demander à votre conseiller un devis détaillé de tous les frais qui vous seront imputés lors d'un virement sur l'étranger.

Vous risquez fort de constater une fois de plus que votre conseiller a de grandes difficultés à vous expliquer cette facturation.

Il transmettra certainement votre demande à un spécialiste de son service international qui prendra le relais.

Les banques en ligne n'offrent pas forcément des conditions plus avantageuses et si parfois le taux appliqué paraît relativement bas, les frais sont susceptibles de grimper fortement si la banque ne les modère pas par un plafond de facturation raisonnable.

Cependant avec l'une d'entre elles, Hélène et Gérald auraient réalisé une belle économie car son dépliant tarifaire affiche un forfait de 20 euros pour le virement à l'étranger et un forfait de 20 euros également pour la commission de change, soit une facturation globale de seulement 40 euros.

La vigilance s'impose donc : une lecture attentive de la brochure tarifaire de votre établissement, doublée le cas échéant -pour des montants significatifs- d'un devis de la banque, peut s'avérer fructueux !

Avant de clore le sujet des frais de virements à l'étranger, une petite digression s'impose pour évoquer les variations de cours des devises, cours qui n'est bien entendu pas fixé par votre banque mais par les marchés financiers quoique parfois, la banque applique une légère majoration pour bonifier son PNB.

Pour transférer 450.000 dollars aux Etats-Unis, la banque française d'Hélène et Gérald doit acheter ces dollars dont le cours varie tout au long de la journée.
Ainsi, la parité Euro/Dollar peut facilement être de 0,80635 euro en début de journée, évoluer à 0.80720 dollars en milieu de matinée et s'afficher à 0,80936 dollars à 16 heures

Pour un transfert d'un montant significatif, il est recommandé de faire un point précis avec sa banque sur l'évolution des taux interbancaires des 2 ou 3 derniers jours ainsi que sur les commissions qu'elle ajoutera à ce taux.

Avant d'effectuer l'opération, la détermination d'un cours maximum pour sa réalisation, peut parfois faire économiser de belles sommes.

Vous pourrez ainsi valider avec votre banque un taux de change au-dessus duquel vous refusez que le virement soit effectué, pour autant que ce virement puisse être légèrement décalé dans le temps et sans certitude néanmoins sur l'atteinte de cet objectif.

Illustrons avec l'exemple du transfert de 450.000 $.
Entre le cours du matin à 0,80635 euro (il faudrait donc débourser 362.857 euros) et le cours du soir à 0,80936 euro (364.212 euros) il n'y a qu'une différence de 0,0030.
Pour autant, cette infime distinction appliquée à ce virement important fait perdre ou économiser 1350 euros selon l'heure de la transaction dans la même journée.
La vigilance s'impose donc pour des virements significatifs !

Richard Claude

Les Cartes bancaires et Commission d'Interchange de paiement (CIP)

La France compte 66 millions de cartes bancaires avec lesquelles sont effectuées 11 milliards de transactions de paiements par an pour 600 milliards d'euros.

Si le paiement par carte représente moins de 2% de l'ensemble des paiements effectués (les chèques, virements, prélèvements, TIP…concentrant l'immense majorité des transactions), les enjeux financiers liés à l'utilisation de ces cartes restent colossaux pour les banques

On recense plusieurs types de cartes bancaires :

- **La carte de retrait** permet d'effectuer exclusivement des retraits d'espèces dans les Distributeurs Automatiques de Billets (DAB) et parfois même uniquement dans les DAB de la banque du client.
- **La carte de paiement à autorisation systématique** est une carte autorisant les retraits et les paiements après vérification automatique du solde disponible sur le compte du client.
- **La carte de paiement** *à débit immédiat* enregistre pour chaque paiement par carte et au fil de l'eau, le débit sur le compte du client. Depuis le 9 juin 2016, ces cartes sont appelées *cartes de DEBIT*.
- **La carte de paiement** *à débit différé* regroupe sur un mois, l'ensemble des paiements par carte et le montant global est débité en une seule écriture en fin de mois ou au début du mois suivant.
  Ainsi, pour certaines banques, les paiements effectués du 1er au 30 ou 31 du mois sont imputés sur le compte le 5

du mois suivant. Le client bénéficie donc d'un crédit gratuit d'un mois. Depuis le 9 juin 2016, ces cartes sont appelées *cartes de CREDIT*

Ces deux cartes permettent également d'effectuer des retraits qui sont débités au fur et à mesure sur le compte du client.

- **La carte de crédit** permet d'effectuer des retraits ou paiements en débit immédiat ou différé mais de surcroit des paiements à crédit.
Les opérations à crédit sont imputées sur le montant de crédit renouvelable dont l'autorisation et le taux ont été définis préalablement et contractuellement avec la banque.

Les cartes *standards* sont facturées par les banques traditionnelles à leurs clients entre 30et 130 euros par an selon le type de carte.

Les cartes les moins onéreuses sont celles à autorisation systématiques suivies des cartes de crédit à débit immédiat ou différé :de la Visa ou Mastercard classiques à la Visa 1er ou Gold Mastercard.

A l'opposé, les cartes très haut de gamme telles la Platinum ou Infinite, supportent une cotisation oscillant entre 200 et 300 euros.

Au-delà de la facturation des cartes, il est une commission méconnue du grand public : la Commission d'Interchange de Paiement ou CIP. Cette CIP est appliquée à chaque transaction effectuée par carte de paiement et carte de crédit.

Ainsi, lorsque vous effectuez un paiement par carte chez un commerçant, la banque de celui-ci reverse à votre banque une commission que l'on nomme la Commission d'Interchange de Paiement ou CIP dont le montant est proportionnel à votre achat.

Cette commission payée par la banque du commerçant rémunère tous les services rendus par la banque du porteur de la carte, notamment la garantie de paiement, le règlement et autres mesures de sécurité.

Cette CIP, encadrée par un règlement européen, avait été notablement réduite en 2011, engendrant une perte financière significative pour les banques qui avait été compensée par une augmentation progressive du tarif annuel des cartes bancaires

De nouveaux plafonds ont été imposés en 2015. Désormais chaque paiement par carte en débit immédiat rapporte 0,2% à la banque du client tandis que celles effectuées via les cartes de crédit –y compris les cartes à débit différé-génèrent une commission de 0,3%.

Afin de procurer un maximum de PNB et compenser les paiements qu'elles supportent au titre de leurs clients commerçants, les banques influent sur leurs clients particuliers afin de les équiper en cartes de crédit ou à débit différé et récupérer ainsi à chacun de leurs paiements, un tiers de plus de CIP.

Cette différence minime de 0,1% représente dans les faits une rémunération mirifique au regard du nombre de porteurs de cartes et du volume très important de transactions effectuées.

Les banques en ligne n'ont quant à elles pas encore cette problématique de compensation du paiement de la CIP, leur clientèle étant essentiellement composée de particuliers porteurs de cartes et peu de clients commerçants.

Les paiements par carte à débit immédiat rapportant moins, les banques pour compenser cette « perte », augmentent désormais le montant de leur cotisation annuelle (laquelle était historiquement moins élevée que la carte à débit différé).

Voilà une rémunération compensatoire immédiate qui de surcroît, pourrait amener le client à reconsidérer son choix pour adopter la carte de crédit ou à débit différé intégrant un décalage de prélèvement des paiements.

Certaines banques ont récemment harmonisé les cotisations des cartes à débit immédiat et celles à débit différé. Elles devraient être suivies rapidement par d'autres établissements et il n'est pas exclu que les coûts s'inversent sous peu, dans le cadre d'une « saine » politique commerciale privilégiant l'encaissement d'une CIP plus favorable à 0,3%.

Mais force est de constater que plus de 60% des clients particuliers préfèrent utiliser une carte à débit immédiat ; y compris certains porteurs de cartes haut de gamme !

L'imputation au fil de l'eau de leurs dépenses facilite la gestion de leur compte.

Désormais, bon nombre d'utilisateurs vérifient quotidiennement l'évolution de leur solde sur leur Smartphone alors qu'à l'époque encore récente des relevés de compte en fin de mois, bien peu leur accordait une réelle attention.

Les cartes à débit différé assorties d'un plafond de paiement élevé et d'un pseudo-découvert d'un mois, inquiète à juste titre ceux dont la maîtrise des dépenses est une nécessité ou une règle de vie.

Le conseiller bancaire usera d'arguments appuyés pour que tout client dont le compte fonctionne correctement renonce à sa carte à paiement immédiat pour souscrire une carte à paiement différé.

Le but recherché est d'atteindre les objectifs commerciaux qui lui sont assignés : vendre tout produit qui concourt à accroître le PNB de la Banque

Les banques en ligne offrent la gratuité de la carte bancaire lors de l'ouverture d'un compte.

La plupart des enseignes de la grande distribution proposent également des cartes bancaires sans ouverture d'un compte lié. Les paiements et les retraits sont directement prélevés sur le compte bancaire du client.

Les cotisations appliquées à ces cartes sont bien inférieures à celles des banques traditionnelles : 14 euros pour une carte Visa Classic ou MasterCard et 55 euros pour une Gold MasterCard ou Visa Premier (contre 42 euros et 130 euros en moyenne) et les retraits dans l'ensemble des distributeurs de billets sont le plus souvent gratuits.

Une source réelle d'économie pour le consommateur !

Les banques en ligne et les grandes enseignes captent ainsi une clientèle qui leur rapporte -grâce à la CIP- de l'argent à chaque paiement effectué par le client !

Il n'est pas de faveur désintéressée !

Ce même Règlement Européen imposé par Bruxelles permettra sous peu, lors d'un paiement par carte de choisir entre le réseau national « CB » et le réseau Visa et MasterCard.

Un choix qui n'apportera certainement rien de plus dans un premier temps, sauf à ce que les réseaux «CB » ou « VISA et MASTERCARD » trouvent un intérêt financier pour se concurrencer.

Richard Claude

Les Conventions ou Packages de produits ou Offres Groupées de services

Lors de toute ouverture de compte, les conseillers bancaires présentent, recommandent et font souscrire au plus grand nombre, une offre packagée ou *convention de relation,* selon la terminologie propre à chaque Etablissement.

Ces packages commercialisées sous diverses dénominations (Bouquet Liberté, Privilège, Préface, Prestige, Affinea, Norplus, Esprit Libre, Sobrio, Eko…) intègrent un certain nombre de produits bancaires obligatoires et facultatifs au premier rang desquels, une carte bancaire.

Leur commercialisation a débuté dans les années 90, les banques ayant eu l'idée de proposer au client, une offre groupée de 3 à 10 produits moyennant une seule cotisation mensuelle dont le prix variait en fonction de la carte bancaire choisie.

Ces packages représentent un véritable enjeu commercial pour la banque car il est beaucoup plus aisé pour les conseillers d'argumenter globalement sur les avantages et le prix d'un package en fonction du type de carte bancaire que de développer l'intérêt de chaque produit afin de convaincre le client de les souscrire séparément.

Le contenu de ces offres packagées a très peu évolué depuis leur création.

En 2010, Christine Lagarde alors en charge du Ministère de l'Economie, avait mandaté Messieurs Georges Pauget et Emmanuel Constans pour réaliser un audit sur la tarification des services bancaires.

Leurs conclusions révélèrent que ces forfaits ou *packages* ne répondaient pas toujours aux besoins des consommateurs et qu'il convenait :

> ➢ *« de remplacer les forfaits par des propositions personnalisées : offre ouverte, modulaire »*
> ➢ *« de débarrasser les forfaits, d'entrée de gamme notamment, de tout services inutiles entraînant un prix accru injustifié. »*
> ➢ *« de demander aux établissements bancaires de garantir que les forfaits présentent toujours un avantages tarifaire réel par rapport à des achats à la carte. »*

Consécutivement, les banques se sont engagées à revoir leurs offres pour se mettre en conformité.

Mais ces *packages* sont-ils désormais plus avantageux que les produits souscrits séparément ?

Les produits inclus dans ces offres sont-ils utiles ?

En dehors des banques en ligne, toutes les banques proposent ce type de convention ou package à leurs clients.

Chacune met en ligne sur son site internet, les différentes offres qu'elle propose à sa clientèle. Il est donc aisé de les consulter.

Ainsi, tout est mis en œuvre pour présenter une offre globale, « attractive » afin que chaque client devienne rapidement un client actif, assuré et équipé (ayant souscrit de nombreux produits)

Car c'est ainsi que les banques segmentent aussi leur clientèle : clients peu équipés et inactifs (ceux dont les comptes enregistrent peu de mouvements) ; clients équipés mais inactifs, clients actifs mais non équipés... jusqu'au client « parfait » : le client Actif, Equipé et Assuré.

Faire ainsi évoluer sa typologie de clientèle est une des principales missions de votre conseiller car la vente de produits et services auront un impact important sur sa rémunération variable pour peu qu'il atteigne les objectifs qui lui ont été assignés dans son *contrat de développement*.

Pour y parvenir, il dispose de ces packages de produits qui lui permettent en une seule vente de faire « tourner le compteur » de ses objectifs sur de nombreux agrégats : vente de carte, d'assurance des moyens de paiements, de services, de produits de prévoyance ou d'épargne ...

La voie royale en quelque sorte !

Quels sont les produits et services inclus dans ces conventions ?

Les produits et services qui composent ces conventions sont de deux sortes : les produits obligatoires et d'autres, dits facultatifs.

Les produits obligatoires sont la carte bancaire, l'assurance des moyens de paiement, la gestion des comptes par internet et pour certaines banques, les frais de tenue de compte.

Les produits facultatifs peuvent être des produits de prévoyance qui garantissent un capital en cas de décès accidentel, des offres ou services proposant des forfaits d'agios, d'opérations diverses ou de retraits sur les distributeurs de billets de banques concurrentes et parfois des produits d'épargne.

La vente de ces produits facultatifs -dont le degré d'intérêt et le coût font hésiter le client- est une tâche difficile pour le conseiller de clientèle même si conformément à la règlementation, tous les produits optionnels souscrits dans la convention bénéficient d'une remise souvent progressive en fonction du nombre de produits souscrits.

Généralement les banques complètent leur *package* ainsi constitué par des services sans grande valeur ajoutée et bien souvent déjà gratuits ou très peu utilisés tels le chèque de banque ou un service d'alimentation automatique d'un compte épargne.

L'objectif poursuivi est d'étoffer leur offre afin que le client ait une bonne impression au moment de la souscription.

Au fil des années, il est fréquent que les clients oublient les produits souscrits via leur convention et les conseillers eux-mêmes omettent de rappeler à leurs clients les « avantages » de leurs contrats.

Car les versions de ces conventions évoluent fréquemment et il n'est pas rare pour une banque de gérer une vingtaine de versions d'offres groupées différentes dont les plus anciennes peuvent remonter aux années 90, ce qui explique les difficultés qu'ont les conseillers de s'y référer spontanément.

Est-ce intéressant de souscrire un Package ?

En dehors des packages pour les jeunes, la réponse est clairement NON !

L'intérêt du client est de souscrire unitairement les produits qui lui sont indispensables, telle la carte bancaire mais la plupart des autres produits qui composent ces conventions n'ont que très peu d'intérêt.

Ils contribuent surtout à faire payer une cotisation globale variant de 8 à 30 euros par mois.

Même l'assurance des moyens de paiement pourtant largement mise en avant dans les offres de la majorité des banques, s'avère inutile.

Cette assurance destinée à couvrir les pertes financières du client en cas d'utilisation frauduleuse des moyens de paiements -qu'ils aient été volés ou perdus- fait doublon avec une des obligations faites aux banques par la loi.

Selon l'article L.133-18 du Code Monétaire et Financier, la loi contraint les banques à rembourser leur client victime d'une opération frauduleuse effectuée sur son compte par un tiers.

Ce remboursement doit être opéré « *soit immédiatement après avoir pris connaissance de l'opération soit après en avoir été informé, et en tout état de cause au plus tard à la fin du premier jour ouvrable suivant* ».

Ainsi, la souscription d'une assurance des moyens des paiements dont la cotisation varie de 15 et 30 euros est inutile.

Les banques savent qu'à tout moment le législateur pourrait décider d'interdire ce produit qui n'est d'aucune réelle utilité pour le client.

Mais les enjeux financiers pour les banques sont colossaux et une fois de plus, il est inenvisageable de perdre cette manne financière.

C'est la raison pour laquelle certaines banques ont ajouté des garanties supplémentaires dans les conditions générales de leur contrat d'assurance des moyens de paiement afin de légitimer ce produit :

- Une indemnisation pour changer les serrures en cas de perte de clés et refaire les documents d'identité tel le passeport, à la condition expresse que ceux-ci aient été volés ou perdus en même temps que les moyens de paiements.
- Une garantie relative à l'usurpation d'identité
- Une garantie relative au bris et vol de téléphone

Des garanties supplémentaires dont les conditions restrictives sont détaillées dans les contrats.

Faire des économies en souscrivant uniquement ce dont on a réellement besoin, une bonne idée ?

Une convention comprenant une Carte Visa Classic coûte en moyenne 12 euros par mois soit 144 euros par an

En ne souscrivant que la carte, il suffira de débourser 40 euros pour l'année dans une banque traditionnelle et mieux encore, vous en bénéficierez gratuitement dans une banque en ligne qui proposera en outre la gratuité de l'assurance des moyens de paiement.

Ce qui est somme toute normal puisque la Banque est dans l'obligation de rembourser son client en cas de paiement frauduleux effectué par un tiers.

En parallèle, une convention comprenant une carte Visa 1er coute en moyenne 18 euros par mois soit 216 euros par an. La seule souscription de cette carte coutera 125 euros en moyenne par an dans une banque traditionnelle et est gratuite dans une banque en ligne.

Voilà de quoi étayer sa réflexion !

Par ailleurs, le prospect ne doit pas être dupe des offres cataloguées « conventions économiques » que proposent certaines banques traditionnelles pour se conformer à la règlementation.

Leur objectif principal est la communication et non la réelle volonté de développer la vente de ces conventions.

Communiquer c'est exister aux yeux du public souvent partagé entre les faibles coûts des banques en ligne et le confort d'un véritable interlocuteur en proximité, apanage des banques traditionnelles.

En faisant miroiter une offre attrayante se rapprochant des offres en ligne, certaines banques proposent des conventions très basiques généralement composées d'une simple carte à contrôle systématique du solde, de la gestion des comptes par internet et d'un certain nombre de services qui n'ont bien souvent pas grand intérêt ou sont réglementairement déjà à la charge de la banque.

Fréquemment ce type de convention « économique » exclut toute autorisation de découvert.

Ainsi si le compte se retrouve néanmoins à découvert sans autorisation, les frais d'incidents et le tarif majoré d'agios seront appliqués ... et le coût au final ne sera pas du tout « économique ».

Une fois de plus, il est recommandé de prêter une véritable attention au contenu de ces offres en consultant la description de la convention, les produits qui la composent ainsi que leurs conditions générales disponibles sur les sites des banques sous le chapitre « mentions légales » ou dans les dépliants tarifaires au chapitre « Offres Groupées de Services ».

Et les packages pour les jeunes ?

Les jeunes ne sont pas à priori la cible privilégiée des banques en ligne qui exigent des revenus significatifs en contrepartie de la souscription de cartes bancaires et services gratuits.

En revanche, la concurrence est rude au sein des banques traditionnelles qui améliorent leur offre en permanence afin d'attirer un maximum d'étudiants et de jeunes actifs.

Une course effrénée pour la conquête d'une clientèle parfois non encore bancarisée mais dont la fidélité dans le temps reste à confirmer.

Les packages dédiés à cette cible sont proposés jusqu'à un âge limite – 24 à 28 ans selon les Etablissements- et se révèlent particulièrement intéressants.

Parfois gratuits ou facturés modiquement à 1 ou 2 euros par mois, ces *packages* intègrent une carte bancaire, l'assurance des moyens de paiement (inutile comme évoqué, mais cela rassure bien souvent les parents), la gestion des comptes par internet, parfois la gratuité de certains frais, les retraits sur les distributeurs des banques concurrentes et un petit découvert.

Pour les jeunes qui partent étudier ou en stage à l'étranger, ces *packages* permettent de bénéficier -pour une cotisation parfois symbolique d'1 euro- de la gratuité de quelques retraits, paiements et virements mensuels hors zone euro.

Les banques ne gagnent rien sur les offres étudiants et certaines d'entre-elles offrent même lors de l'ouverture d'un compte, une prime aux nouveaux bacheliers, proportionnée à la mention obtenue.

Une fois de plus, il est utile de comparer les offres sur les sites de différentes banques afin de trouver celle qui correspond à vos véritables besoins.

Qu'en est-il de la facturation appliquée aux artisans, commerçants et autres professionnels ?

Les pratiques de facturation des banques et les diverses réglementations liées délivrées dans cet ouvrage sont volontairement cantonnées à la clientèle de particuliers.

Le postulat de rendre lisible un sujet souvent peu engageant pour le grand public a nécessité d'écarter l'examen des facturations appliquées aux artisans, commerçants et autres professionnels afin ne pas complexifier l'ensemble.

Pour autant la facturation de ces clients dits *professionnels* est un sujet sérieux qui mériterait également une analyse complète car ici aussi, les pratiques des banques sont souvent opaques et difficilement comparables.

S'agissant de *business* entre professionnels, la question est peu sujette à réglementation mais on pourrait valablement s'interroger sur l'intérêt de légiférer notamment au profit des artisans/commerçants et TPE (Très Petites Entreprises) de moins de 10 salariés dont le rapport de force dans l'exercice des relations avec la banque s'apparente fortement à celui du particulier.

Est-il acceptable et équitable qu'une réglementation prévoie pour les particuliers un double plafonnement de la commission d'intervention à 8 euros par opération et 80 euros par mois alors qu'aucune réglementation de la sorte n'est applicable au profit des artisans, commerçants ou petites entreprises qui peuvent être facturés tant et tant qu'ils se trouvent précipités vers le Tribunal de Commerce ?

La plupart des banques opèrent à leur égard un montant et un plafonnement de la commission d'intervention nettement supérieurs à ceux appliqués aux particuliers.

Certains dépliants tarifaires pour les professionnels affichent ainsi une commission d'intervention qui avoisine les 10 euros par opération mais le plus surprenant reste le niveau de plafonnement mensuel.
On relève chez les unes un plafond mensuel de 30 commissions, chez d'autres ce plafond est de 60 commissions et la palme revient à celles qui appliquent un plafond journalier de 6 commissions sans plafonnement mensuel, ce qui pourrait représenter jusqu'à 132 commissions chaque mois.

Et ce n'est pas une simple erreur d'impression du document !

Il y a tant à dire sur la facturation supportée par ces modestes entreprises, elles qui peinent bien souvent à nourrir leur exploitant que cela mériterait un autre volume.

Comment faire évoluer les pratiques bancaires et limiter les frais sanctions...

Il est temps que l'Etat envisage plus globalement le sujet et arbitre une médiation entre les Etablissements financiers et les Organisations et Associations représentatives des clients des banques.

Une médiation où chacun pourrait exprimer ses attentes et ses contraintes afin de redéfinir le rôle et la juste rémunération des services proposés par les banques aux particuliers et professionnels.

Comment réduire les frais « sanctions » et améliorer la relation entre la banque et son client ? Ce pourrait être le fil conducteur de cette médiation.

Voici quelques pistes de réflexions :

En contrepartie du rôle public des banques, il pourrait être envisagé la gratuité des produits indispensables à la gestion d'un compte bancaire.

La raison d'être de la banque ne peut se réduire à la recherche de profits. Elle exerce également un rôle de service public indirectement conféré par la loi de notre pays qui impose de manière implicite, l'ouverture d'un compte en banque.

En effet, la réglementation limite notamment les règlements en espèces : un maximum de 1500 euros pour un salaire, de 1000 euros pour un paiement à un professionnel et de 3000 euros pour tout règlement à un notaire.

Une batterie de lois et décrets contraignent particuliers et professionnels à la détention d'un compte en banque ce qui confère à ces dernières un rôle public indéniable.

En contrepartie de cette obligation légale, il semblerait équitable que les banques proposent à leurs clients un certain nombre de produits gratuits pour gérer au mieux leurs comptes.

Ces services et produits de bases sont : la carte, la gestion des comptes par internet, le chéquier, les retraits, les versements, les paiements, les états réglementaires comme les extraits de compte ou les IFU (Imprimé Fiscal Unique).

Si dans les faits cette offre est déjà celle des banques en ligne, il ne resterait plus, pour les banques traditionnelles, qu'à consentir un effort financier supplémentaire en assurant la gratuité de la carte et des frais de tenue de compte.

La réglementation qui avait imposé la gratuité du chèque comme moyen de paiement doit aujourd'hui s'appliquer à tout nouveau mode de règlement qui lui succède tels la carte bancaire et les paiements via Smartphone.

Réduire les frais « sanctions »liés aux opérations qui se présentent sur un compte en insuffisance de provision.

Au préalable, il est primordial que le client soit alerté au plus tôt par sa banque lorsque des opérations se présentent sur son compte sans provision.

Ces alertes par *sms* doivent informer mais aussi proposer des solutions alternatives pour éviter les rejets et les frais liés.

Le client pourrait ainsi se voir proposer un réajustement de son découvert ou le paiement des opérations par l'utilisation d'un de ses comptes d'épargne liquide.

Utiliser les comptes d'épargne pour compenser automatiquement les insuffisances de provision.

Les clients s'insurgent contre les frais facturés par la banque en cas d'insuffisance de provision quand bien même ils disposent des sommes nécessaires sur leur compte épargne.

Pour éviter des frais bancaires inutiles, il conviendrait d'autoriser les banques à compenser automatiquement les insuffisances de provision d'un compte en transférant les sommes nécessaires du livret d'épargne sur le compte concerné afin de régler les opérations qui se présentent.

Un service qui éviterait ainsi tout frais de commission d'intervention et agios.

Cette alimentation automatique du compte de chèque par un compte épargne est actuellement interdite par la réglementation qui exige pour chaque virement, l'accord écrit du client pour un montant précis.

Ce qui n'est nullement le cas pour l'opération inverse d'alimentation automatique d'un compte d'épargne par un compte chèque avec un montant mensuel évalué informatiquement en fonction de la capacité d'épargne du client.

Une incohérence qui pourrait être réglementairement levée au profit des clients qui donneraient en préalable, un accord à la banque pour utiliser leur compte d'épargne en cas de besoin.

Ce service pourrait être proposé moyennant une cotisation raisonnable et justifiée.

Une pratique aujourd'hui interdite qu'une ou deux banques ont néanmoins réussi à mettre en place via des montages juridiques complexes. Ce service est très apprécié de leur clientèle et de fait, sa facturation ne fait pas polémique.

Si le client ne dispose pas d'épargne liquide, il serait néanmoins intéressant d'apprécier ses avoirs globaux « bloqués » (Comptes titres, PEL, assurance vie ...) pour décider de payer automatiquement une opération qui se présente sur un des comptes courant du client momentanément en insuffisance de provision, lui évitant ainsi le coût de la commission d'intervention.

Cette pratique dite de « l'avoir global » était appliquée par quelques banques il y a encore peu. Néanmoins, elle fut rapidement abandonnée pour compenser la perte de PNB lors du plafonnement de la Commission d'intervention imposé par décret.

La mise en suspens ou « au frigo »durant quelques jours des opérations qui ne peuvent être payées, faute de provision.

Pour réduire les frais de rejet et les frais de commission d'intervention, il conviendrait également de systématiser la mise « au frigo » des chèques, prélèvements, virements et autres opérations se présentant sur un compte sans provision.

Il s'agit de surseoir, pendant quelques jours, à la décision de paiement ou de rejet de l'opération.

Le client, prévenu immédiatement par *sms* comme préconisé, disposerait d'un délai en franchise de frais pour étudier les préconisations de son conseiller et aboutir à une solution acceptable qui lui éviterait le paiement des frais de rejet et de commission d'intervention.

Au terme de ce délai, l'opération sera payée automatiquement si le compte est redevenu créditeur ou dans son autorisation de découvert et ce, sans frais d'aucune sorte.

En revanche, si le compte n'a pas pu être renfloué, alors le conseiller bancaire décidera soit de payer soit de rejeter ces opérations, moyennant la facturation d'une commission d'intervention et de frais de rejet.

Soulignons qu'à ce jour, cette mise « au frigo » d'opérations est techniquement possible dans la plupart des banques, mais elle reste à la discrétion du conseiller et c'est la systématisation de cette pratique en franchise de frais qu'il convient de rechercher.

Compenser les intérêts débiteurs (agios) par des intérêts créditeurs générés par les dépôts sur le compte de chèque

Pour financer votre découvert, votre projet immobilier ou l'achat de votre voiture, la banque a besoin de ressources.
Si les ressources de la banque sont insuffisantes elle emprunte auprès des autres banques. A contrario, lorsqu'elle dispose de liquidités, elle peut les prêter à d'autres établissements moyennant rémunération.
C'est ce que l'on nomme *le marché interbancaire d'échanges d'actifs financiers à court terme.*

Les banques ont donc un très grand intérêt à collecter des ressources auprès de leurs clients.

Lorsque vous êtes à découvert, vous empruntez en quelque sorte de l'argent à votre banque qui vous facture un taux d'intérêt de 18%.
Mais si votre compte est créditeur, c'est vous qui prêtez de l'argent à la banque, le plus souvent sans rémunération.

Pour rendre équitable la relation du client avec sa banque, il conviendrait de rémunérer les sommes laissées sur le compte-courant afin d'instaurer une compensation entre les intérêts débiteurs du découvert et les intérêts créditeurs générés par les liquidités déposées.

Le taux de découvert (plafonné au taux d'usure) devrait être réglementairement proportionnel à la rémunération du compte à vue.

Cette compensation des intérêts débiteurs et créditeurs est pratiquée de longue date par les banques au profit de leurs clients institutionnels telles les Mutuelles et les Grandes Entreprises qui disposent d'importantes liquidités sur leurs comptes.

Modifier la définition de la Commission d'intervention en intégrant les préconisations que l'ACPR aurait faites (Autorité de Contrôle Prudentiel et de Résolution)

« *Les commissions d'interventions doivent être en toute circonstance, causées par un examen particulier du compte en vue de procéder au cas par cas à un choix entre le paiement de l'opération irrégulière ou son rejet.* »

Cette évolution réglementaire tant attendue, permettrait notamment d'exclure les opérations effectuées par carte bancaire du périmètre de la commission d'intervention, car il n'y a jamais d'examen particulier dans ce cas.

Un plafonnement réglementaire pour tous et portant sur l'ensemble des frais bancaires.

L'issue des négociations menées par le Ministre Bruno Le Maire avec les banques en marge de la loi Pacte 2018 a abouti à l'engagement des banques, de plafonner à 200 euros par an, les frais d'incidents au bénéfice des seuls clients fragiles équipés de l'offre OCF (375.000 à ce jour).

Mais cantonner le plafonnement aux seuls frais d'incidents et à une seule typologie de clients, c'est se donner bonne conscience par un effet d'annonce tout en « cautionnant » les profits colossaux des banques réalisés au détriment de millions de français.

Au-delà du plafonnement accepté pour les clients OCF, il est indispensable qu'un plafonnement –qui pourrait être d'un montant différent mais raisonnable- s'applique également aux autres clients.

Il conviendrait également d'intégrer dans ce plafonnement mensuel l'ensemble des autres frais bancaires, car en se contentant de plafonner uniquement les frais d'incidents comme le proposent les banques, il est très probable qu'elles récupèrent le PNB ainsi perdu sur de nouvelles facturations.

Une information mensuelle préalable au prélèvement effectif détaillerait l'ensemble des frais dont le montant global serait écrêté au plafond réglementaire mensuel.

En contrepartie, les clients dont l'écrêtement des frais serait trop récurrent, seraient incités à rencontrer rapidement leur conseiller bancaire pour mettre en place une procédure d'accompagnement leur permettant dans un délai raisonnable de recouvrer une situation plus normative.

Cette procédure d'accompagnement qu'il conviendrait de repenser en substitution à l'offre actuelle OCF, devrait être personnalisable, souple et engageante pour la banque, son client et l'organisme ou l'association qui lui viendra en aide.

Mais comment aider ceux qui peinent à gérer leur budget et leur compte bancaire ?

La Formation

Mieux gérer son compte c'est déjà apprendre à gérer son budget et ce, quel que soit son niveau de revenu.

La mission des écoles, collèges et lycées est notamment d'enseigner à nos enfants les savoirs et compétences indispensables pour une bonne intégration dans notre société.

Au-delà des matières fondamentales enseignées actuellement, ne faudrait-il pas également initier nos jeunes, dès le collège à la gestion d'un budget et aux pratiques bancaires pour pallier d'éventuelles carences de la sphère familiale ?

En effet, dès 12 ans, nombreux sont ceux qui disposent déjà d'une première carte de retrait.

Cette formation bancaire se poursuivrait tout au long de la scolarité.

Une formation indispensable pour comprendre une institution qui les accompagnera tout au long de leur vie et de leurs projets personnels et professionnels.

Cette formation pourrait être transposable pour les adultes au sein de centres de formations spécialisés car les termes et les pratiques bancaires demeurent fréquemment obscures pour bon nombre de personnes.

Par ailleurs, les clients en situation de fragilité détectés par les conseillers bancaires pourraient également suivre cette formation qui serait prise en charge par l'Etat ou le compte personnel de formation (CPF).

Soulignons que la FBF (Fédération Bancaire Française) met à la disposition de tous des mini-guides sur la banque dont vous trouverez les liens en annexes.

Ces guides sont très bien conçus. Néanmoins une transposition de ces guides en tutoriels vidéo autoriserait certainement une meilleure diffusion du message.

En cette rentrée 2018, à la demande de Bruno Le Maire, Ministre de l'Economie, les banques se sont engagées à améliorer dès 2019 leur système d'alertes et de prévention en vue d'aider le client à réduire ses frais bancaires.

Un engagement sous haute surveillance !

L'ensemble des préconisations qui précèdent répondent à la volonté exprimée par l'Exécutif : réduire les frais bancaires car l'amélioration de l'information n'est pas une fin en soi.

Il est indispensable qu'un collectif représentatif (Etat, associations de consommateurs et banques) puisse étudier les pratiques à améliorer.

Les solutions à mettre en œuvre ne peuvent découler de la seule analyse et décision des banques ... car leur objectif central sera toujours de limiter au maximum les impacts sur leur PNB.

A défaut, les clients recevront certainement plus d'alertes par *sms* et par *mails* sans pour autant constater une quelconque réduction de leurs frais !

Bilan

La facturation appliquée par les banques à leur clientèle de particuliers repose sur près de 250 lignes tarifaires composées de frais divers auxquels s'ajoutent les cotisations perçues lors des souscriptions de produits et services.

J'ai choisi de mettre en lumière une quinzaine de ces facturations : celles qui sont les plus fortes contributrices au PNB des banques et parallèlement les plus pénalisantes pour leurs clients.

Pour autant, les autres facturations ne sont pas exemptes de la pratique aigüe de l'optimisation qui permet aux banques d'engranger un PNB significatif.
Pour les clients concernés, la facture globale s'alourdit encore.

Les crises économiques successives ont généré depuis quelques années, une véritable crise de confiance dans nos institutions.

Chacun de nous s'interroge sur la dimension éthique de notre société.
Le souhait d'une plus grande moralité a contribué à l'émergence de divers mouvements spontanés de citoyens, de conflits sociaux et même à la reconnaissance par la loi de la protection des salariés lanceurs d'alertes et de la moralisation de la vie politique.

C'est ainsi que cet ouvrage a été pensé et non comme un plaidoyer à l'encontre des banques, acteurs économiques de premier ordre dont le rôle sociétal est indiscutable.

Son seul objectif est d'interpeller pour qu'un rééquilibrage s'opère entre la banque et ses clients et que cessent certaines pratiques.

Annexes : Mini-Guides de la Fédération Française Bancaire

Site de la fédération bancaire française : fbf.fr

Le guide des démarches en cas de décès

Comment réagir en cas de séparation

Comment réagir en cas de perte de revenus

N'émettez pas de chèque sans provision

Les six clés pour bien gérer mon compte en banque

Fragilité financière : une offre spécifique

Le paiement sans contact

Le crédit relais immobilier

Le droit au compte

Comment régler mes dépenses en voyage à l'étranger

Bien utiliser l'argent liquide

Comment régler un litige avec la banque

Bien utiliser le chèque

Le FICP Fichier national des incidents de remboursement des crédits aux particuliers

Le compte joint

Maîtriser son endettement

La procédure de surendettement

Que devient un compte inactif ?

La Convention AERAS (S'assurer et emprunter avec un risque aggravé de santé)

Le prêt à taux zéro

La Saisie et le solde bancaire insaisissable

Assurer mon crédit immobilier

La convention de compte

Le micro-crédit personnel accompagné

Bien utiliser le prélèvement SEPA

Bien utiliser le virement SEPA

Le regroupement de crédits, la solution

Bien utiliser votre carte

Le crédit à la consommation

Situation de vie : je voudrais faire construire ma maison

Sommaire

Les frais bancaires : une source de mécontentement ! _____ 2

Les Enquêtes Presse _____ 5

Banques de réseaux versus Banques en ligne_____ 9

La conquête des NER(Nouvelles Entrées en Relation) _____ 13

Les activités de votre conseiller bancaire (Chargé de clientèle) _____ 16

Les banques ont-elles le droit de fixer librement leurs frais ? 26

La segmentation de la clientèle_____ 37

Règlementation et pratiques de facturation des différents frais bancaires liés au découvert _____ 40

Les Agios ou intérêts débiteurs _____ 43

La mise en place de l'autorisation de découvert : _____ 54

La lettre d'information pour compte débiteur non autorisé._ 57

Les Frais d'incidents : commission d'intervention, frais de rejet et lettre d'information préalable pour chèque sans provision 61

La Commission d'Intervention _____ 63

Les frais de rejet d'opérations et la lettre d'information préalable pour chèque sans provision_____ 77

Offre d'accompagnement de la clientèle en situation de fragilité (OCF) _____ 88

Le Droit au Compte ou Service Bancaire de Base, si une banque vous refuse l'ouverture d'un compte_____ 98

Les frais de Saisies _____ 104

Des tarifs différents entre les banques d'un même réseau et parfois entre les agences d'une même banque _____ 108

Les Cartes bancaires et Commission d'Interchange de paiement (CIP) _____ *116*

Les Conventions ou Packages de produits ou Offres Groupées de services _____ *122*

Qu'en est-il de la facturation appliquée aux artisans, commerçants et autres professionnels ? _____ *131*

Comment faire évoluer les pratiques bancaires et limiter les frais sanctions... _____ *133*

Bilan _____ *143*

Annexes : Mini-Guides de la Fédération Française Bancaire 145

www.ingramcontent.com/pod-product-compliance
Lightning Source LLC
Chambersburg PA
CBHW030648220526
45463CB00005B/1687